Petite vie
de
Jeanne d'Arc

Du même auteur

Histoire de la bourgeoisie en France. Tome I. *Des origines aux temps modernes.* Tome II. *Les Temps modernes,* Éd. du Seuil, 1960-1962; rééd. 1977.

Aliénor d'Aquitaine, Albin Michel, 1966 et Livre de poche.

Héloïse et Abélard, Albin Michel, 1970.

La Reine Blanche, Albin Michel, 1972.

Pour en finir avec le Moyen Age, Éd. du Seuil, 1977.

Le Moyen Age pour quoi faire?, avec Jean Gimpel et Raymond Delatouche, Stock, 1986.

Carnet de Villard de Honnecourt, ouvr. coll., Stock, 1986.

Jeanne d'Arc, avec Marie-Véronique Clin, Fayard, 1986.

Isambour, la reine captive, avec Geneviève de Cant, Stock, 1987.

Richard Cœur de Lion, Fayard, 1988.

Saint Louis, Denoël, 1989.

Jeanne d'Arc, Denoël, 1990.

La femme au temps des Croisades, Stock-Laurence Pernoud, 1990.

RÉGINE PERNOUD

Petite vie de Jeanne d'Arc

Desclée de Brouwer

Nous remercions le Centre Jeanne d'Arc d'avoir bien voulu nous communiquer une grande partie des documents qui illustrent cet ouvrage (p. 15, p. 42, p. 53, p. 61, p. 65, p. 77, p. 87, p. 91, p. 103). Pour la p. 42, photo Jean Vigne ; p. 121, cliché Cinémathèque française, © Gaumont ; p. 124, © ADAGP, Paris 1990.

© Desclée de Brouwer, 1990
76*bis*, rue des Saints-Pères, 75007 Paris
ISBN 2-220-03164-0
ISSN 0991-4439

Avant-propos

Jeanne d'Arc, nous connaissons tous son histoire. Elle est même si connue qu'on a tendance à croire qu'on sait tout sur elle avant de l'avoir étudiée; ne suffit-il pas d'avoir suivi l'école élémentaire ou lu n'importe quel manuel scolaire pour être renseigné à son propos?

D'ailleurs, on a écrit sur elle quantité d'ouvrages, et il ne se passe guère d'année qui n'en voie paraître de nouveaux. On n'a donc que le choix.

A condition de faire, comme disent les slogans publicitaires, le bon choix.

Parce que précisément, l'histoire de Jeanne, dans sa simplicité, pose à tous ceux qui l'évoquent une multitude de questions. Lorsque, pour le Centre Jeanne-d'Arc d'Orléans, nous établissions le programme destiné à une mise sur ordinateur, nous nous étions aperçu que pour traiter l'ensemble des questions qui pouvaient être posées, il nous fallait prévoir non seulement le cadre personnel : origines, famille, ascendance, etc., mais aussi le cadre politique : les circonstances de sa venue — le cadre militaire, puisqu'elle mena des combats — le cadre juridique, étant donné qu'elle passa en jugement — religieux puisqu'il s'agissait d'un tribunal d'Inquisition — littéraire, car son irruption dans l'Histoire a suscité une multitude de poèmes, chroniques, pièces de théâtre, films ; cela, sans parler des œuvres d'érudition et d'histoire proprement dite.

Le tout pour une carrière qui occupe *deux années*. Deux ans. Deux ans dans une période caractérisée par ce qu'on appelle : la guerre de Cent Ans...

Encore restera-t-il ce qui échappe à l'informatique : l'émotion devant cette fillette qui remporte à dix-sept ans des victoires décisives, changeant la face de l'Europe, et meurt brûlée vive à dix-neuf ans — l'étrangeté aussi d'une vocation qui refuse obstinément de s'attribuer à elle-même gloire ou mérites quelconques, mais rapporte tout à Dieu. Et là, aucune réponse possible, sinon celle ouvrant sur un infini toujours présent à la liberté humaine.

Ce qui reste surprenant, c'est le nombre d'auteurs, et d'ouvrages, qui à propos de Jeanne d'Arc se répandent en hypothèses et suppositions toutes plus ou moins gratuites, et tournent le dos à l'Histoire. Or il n'y a sans doute pas de personnage, en tout cas au XVe siècle, sur lequel nous soyons mieux et plus abondamment documentés. Elle a étonné ses contemporains autant qu'elle nous étonne nous-mêmes, d'où les chroniques, mémoires, lettres qui parlent d'elle. Surtout, en la faisant passer en jugement, Pierre Cauchon et les autres universitaires collaborant avec l'envahisseur ne se doutaient pas qu'ils nous préparaient le plus remarquable document d'Histoire : le texte du procès de condamnation (1431), avec leurs questions et les réponses de Jeanne, fournissant sur sa personne un témoignage d'autant plus convaincant qu'il a été préparé par ses adversaires, déterminés à la conduire au bûcher. Puis, dix-huit ans plus tard, quand le roi de France Charles VII parvient à chasser l'ennemi de Rouen, commence un autre procès, dit « de réhabilitation » : on interroge tous ceux qui ont connu l'héroïne pour savoir si sa condamnation comme hérétique était ou non justifiée ; quelque cent quinze témoins déposent, racontent leurs souvenirs, disent ce qu'ils ont su d'elle : magnifique source qui nous donne « en direct » l'impression qu'elle produisait.

Là est l'Histoire, dans les documents contemporains, non dans les petites cervelles de romanciers manqués, qui, incapables d'inventer des personnages d'une stature suffisante — tout le monde ne s'appelle pas Balzac, voire Dumas — collent l'étiquette « Jeanne d'Arc » sur le pauvre mannequin qu'ils ont imaginé.

La *Petite vie de Jeanne d'Arc* que nous présentons sera composée presque uniquement de témoignages du temps, auxquels il sera facile de se reporter si l'on souhaite les contrôler. A chaque lecteur, mis en face de l'Histoire, de se faire une idée personnelle de cette fille sublime et *singulière* au sens propre.

1. En mon pays, on m'appelait Jeannette

Le village où naît Jeanne d'Arc, Domrémy, se situe « aux marches de Lorraine », c'est-à-dire à la frontière du Barrois et de cette province de Lorraine alors quasi indépendante qui motivera le surnom de : « Jeanne la bonne Lorraine », dans le fameux poème de François Villon. Les frontières, il est vrai, restent encore un peu indécises à l'époque où naît Jeanne, c'est-à-dire très probablement l'an 1411 ou peut-être 1412 et, selon la tradition, dans la nuit de l'Épiphanie, c'est-à-dire le 6 janvier. Lors de son interrogatoire à Rouen, Jeanne, après avoir déclaré qu'elle dira volontiers sous serment tout ce qui concerne son père et sa mère, nommera ceux-ci : « Mon père s'appelait Jacques d'Arc et ma mère Isabelle. » Par la suite, au cours du procès qu'on appelle toujours « de réhabilitation », plusieurs témoins interrogés à Domrémy même attesteront aussi ses origines, sa naissance, son baptême. Entre autres, celui qui avait été son parrain, Jean Moreau, un laboureur (paysan) de Greux, village tout proche de Domrémy, où se trouve d'ailleurs l'église principale réunissant les deux paroisses : « Jeannette [...] a été baptisée dans l'église de Saint-Rémy, paroisse de ce lieu. Son père s'appelait Jacques d'Arc et sa mère Isabellette, de leur vivant laboureurs à Domrémy [...] C'étaient de bons et fidèles catholiques et de bons laboureurs, de bonne réputation et d'honnête conversation [...] J'ai été moi-même l'un des parrains de Jeanne. »

Les gens de Domrémy sont ainsi interrogés au mois de janvier 1456 au sujet de l'héroïne célèbre alors dans tout le monde connu ; ils l'ont vue vivre et ont vécu à ses côtés pendant seize à dix-sept ans : autant dire pendant la plus grande partie de l'existence de « Jeannette », morte à dix-neuf ans. On s'attendrait à les entendre évoquer quelques traits laissant pressentir la prodigieuse vocation de Jeanne. Était-elle batailleuse ? Un « garçon manqué » ? D'une vivacité inquiétante ?

Déception. Pour les gens de Domrémy, Jeannette était « comme les autres ». « Elle travaillait volontiers, veillait à la nourriture des bêtes ; elle s'occupait volontiers des animaux, de la maison de son père, filait et faisait les travaux de la maison », déclare un de ses camarades d'enfance, Colin, fils de Jean Colin. « Jusqu'au moment où elle a quitté la maison de son père, elle allait à la charrue et gardait parfois les animaux aux champs et faisait les ouvrages de femme, filer et tout le reste », dit son parrain déjà cité. « La maison de mon père était presque contiguë à celle de Jeannette, raconte son amie Marguerite, surnommée Mengette. Et je connaissais ''Jeannette la Pucelle'', car souvent je filais en sa compagnie et faisais avec elle les autres ouvrages de la maison, jour et nuit. » Une autre amie bien connue par les poèmes de Péguy, Hauviette, précise : « Jeanne était bonne, simple et douce fille. Elle allait souvent à l'église et aux lieux saints [...] Elle s'occupait comme le font les autres jeunes filles, elle faisait les travaux de la maison et filait, et quelquefois, comme je l'ai vu, elle gardait les troupeaux de son père. » Un trait relevé par tous : « Jeanne allait volontiers à l'église et fréquentait les lieux saints. » C'est ce que dit aussi un de ses compagnons, Michel Lebuin. Et avec lui tous confirment sa piété : « Jeanne était de bonne conduite, dévote, patiente, elle allait volontiers à l'église, volontiers se confessait ; elle faisait l'aumône aux pauvres quand elle le pouvait. »

Au fil des évocations, un mot revient constamment : « volontiers »... « Elle travaillait volontiers, elle s'occupait volontiers des animaux, elle allait souvent et volontiers à l'église et aux lieux saints, elle donnait volontiers et pour l'amour de Dieu ce qu'elle avait... Volontiers. Volontiers. » Il en ressort un dynamisme, une gaieté qui semblent bien, en effet, avoir caractérisé Jeanne à travers toute son existence.

Quant à la part prise aux événements qui affligent alors le pays entier, un écho nous en parvient aussi. Jusque dans ces régions frontalières, on se ressent, en effet, de la division entre Armagnacs et Bourguignons; ces derniers ont pris, à la suite de leur duc, le parti de l'occupant : car la France est alors pays conquis, de la Normandie jusqu'à la Loire, depuis cette date de 1415 — Jeanne avait alors trois ans — qui a été celle du désastre d'Azincourt; le roi d'Angleterre, Henri V, reprenant la politique de son père, lequel avait détrôné et fait mourir le dernier descendant légitime des Plantagenêts, Richard II, souhaitait se tailler en France des victoires propres à consolider son trône en profitant, pour cela, du désarroi d'un pays dont le souverain, Charles VI, était devenu fou, ce qui suscitait autour de lui toutes sortes d'ambitions et de rivalités. Celles qui dressaient les uns contre les autres ducs de Bourgogne et princes d'Orléans avaient déjà provoqué un meurtre, celui du prince Louis d'Orléans, frère du roi, tombé le 23 novembre 1407 sous le poignard des assassins stipendiés par son cousin Jean Sans Peur. Celui-ci avait pris lors de l'invasion le parti de l'Anglais, tandis que les partisans de la maison de France se regroupaient sous l'étiquette d'Armagnacs, nom du beau-père de Charles, fils de Louis d'Orléans; ce terme

On peut imaginer ainsi Jeanne filant la laine aux côtés de son père. Gravure sur bois illustrant les *Vigiles du roi Charles VII*, 1493 (BN, ms. français).

d'Armagnacs souligne d'ailleurs la fidélité et l'appui constant que la France du Midi, restant fidèle à la dynastie légitime, opposera aux envahisseurs.

Et si personne à Domrémy ne pouvait imaginer

que ces luttes sanglantes allaient quelque jour être incarnées et portées par « Jeannette », du moins ressentait-on jusqu'en ces régions lointaines les contrecoups de la guerre : ceux de Domrémy en général avaient adopté le parti du roi de France, alors que dans le village proche de Maxey les paysans se sentaient « Bourguignons », ce qui prouve que jusque dans les plus petits hameaux la division entre Français était profonde. Ainsi naissaient les disputes d'où l'on revenait « parfois bien blessé et saignant ».

D'ailleurs les épisodes guerriers ne manquent pas, et Jeanne elle-même — à l'âge de quatorze ou quinze ans puisque cela se passe en l'an 1428 — sera entraînée dans l'exode des gens de Domrémy et du village proche de Greux vers la cité fortifiée la plus proche, celle de Neufchâteau, où tout le monde se rend, bêtes et gens, en grande hâte, car on a appris que la puissante forteresse de Vaucouleurs, dont le capitaine, Robert de Baudricourt, tient pour le roi de France, va être assiégée par le gouverneur de Champagne à la solde du duc de Bourgogne, Antoine de Vergy. « Tous les habitants de Domrémy s'enfuirent », dit un témoin, le curé d'une paroisse voisine, nommé Dominique Jacob, « des hommes d'armes vinrent à Neufchâteau et parmi eux Jeannette vint aussi, avec son père et sa mère, et toujours en leur compagnie ».

Cela dans le paisible paysage de la « Meuse

endormeuse » dont le calme n'est rompu que par les ébats de la jeunesse du pays, au printemps par exemple, quand la neige a cessé de tomber et que les arbres reverdissent ; c'est ainsi que le quatrième dimanche de Carême où l'on chante « Laetare Jerusalem » à l'approche des fêtes pascales, jeunes filles et jeunes gens vont danser et chanter auprès du bel arbre qu'on appelle « l'Arbre des Dames » ou « Arbre des Fées », ils emportent des pains et des noix à manger sous l'arbre et vont boire à une fontaine, la fontaine aux Rains, dont l'eau, dit-on, apporte la santé. Fête traditionnelle dont les origines remontent à un lointain folklore.

Or, il semble qu'à ces innocentes distractions, Jeannette, en dépit de cet entrain personnel qui lui fait faire tout « volontiers », n'a pris part que le moins possible. « J'y ai plus chanté que dansé », dit-elle après une évocation pleine de fraîcheur et de poésie des distractions printanières de son pays.

C'est que, dans cette enfance « comme les autres », quelque chose s'est passé qu'elle-même raconte en toute simplicité : « Quand j'eus l'âge d'environ treize ans, j'ai eu une voix de Dieu pour m'aider à me gouverner. Et la première fois, j'eus grand peur. Et vint cette voix, au temps de l'été, dans le jardin de mon père aux environs de midi [...] J'ai entendu la voix du côté droit, vers l'église. Et rarement je l'entends sans clarté. Cette clarté vient du même côté où la voix est ouïe. Il y a communément une grande clarté [...] Après que j'ai entendu trois fois cette voix, j'ai compris que c'était la voix d'un ange [...] Elle m'a appris à me bien diriger, à fréquenter l'église. Elle m'a dit qu'il fallait que moi, Jeanne, je vienne en France... » Aux questions qu'on lui pose, elle répond ensuite : « La première fois, j'ai eu grand doute si c'était saint Michel qui venait à moi, et cette première fois j'eus grand peur. Et je l'ai vu ensuite plusieurs fois avant de savoir que c'était saint Michel... Avant toute chose il me disait d'être une bonne enfant et que Dieu m'aiderait, et entre autres choses, il m'a dit de venir au secours du roi de France... Et l'ange me disait la pitié qui était au royaume de France. »

« Environ treize ans », dit-elle, en évoquant cet appel. La première vision a donc dû lui apparaître en 1424 ou 1425. Elle la tiendra secrète, sans en parler à quiconque, jusqu'en 1428, quand, n'y tenant plus, elle viendra trouver à Vaucouleurs le capitaine Robert de Baudricourt, lequel défend obstinément sa forteresse au nom du roi de France.

Et Jeanne d'ajouter que, aussitôt après avoir entendu la voix, « elle a promis de conserver sa virginité aussi longtemps qu'il plairait à Dieu ». Réponse spontanée à l'appel de Dieu : elle demeurera vierge, autonome, ne dépendant quant à sa personne que de Dieu lui-même. C'est la réponse, à travers les temps, de la vierge consacrée, depuis la primitive Église, quand Agnès, Cécile, Anastasie préféraient s'exposer au fer du bourreau ou à la dent des bêtes dans l'amphithéâtre plutôt que de trahir le don entier de leur personne fait à Dieu seul par qui elles se savent appelées.

Dans l'entourage de Jeanne, quelqu'un a eu le sentiment de son singulier destin : son père. « Il m'a été dit plusieurs fois par ma mère, déclare-t-elle, que mon père lui avait dit qu'il avait rêvé que moi, Jeanne, sa fille, je m'en irais avec des gens d'armes [...] Et j'ai entendu dire par ma mère que mon père disait à mes frères : ''Vraiment, si je savais que cette chose dût arriver que je crains au sujet de ma fille, j'aimerais mieux que vous la noyiez. Et si vous ne le faisiez pas, je la noierais moi-même.'' » Rêve prémonitoire que Jacques d'Arc ne pouvait guère interpréter autrement que dans le pire sens : sa fille Jeanne allait être de ces filles qui suivent les armées. Aussi père et mère ont-ils dû être satisfaits d'apprendre que leur Jeannette était demandée en mariage. Par un prétendant bientôt furieux de se voir éconduit qui l'a citée devant l'official de Toul, prétendant qu'elle lui avait promis des épousailles, ce qui, à l'époque, était considéré comme un engagement véritable. Épisode passager qui n'a pas laissé grand trace dans l'esprit de Jeanne : « C'est lui qui m'a fait citer, et là j'ai juré devant le juge de dire la vérité. Et finalement, il a bien dit que je n'avais fait aucune promesse à cet homme. »

Jeanne est bien une fille comme les autres, capable comme les autres d'inspirer l'amour, mais décidée, quant à elle, à ne se donner à personne. L'appel qu'elle a entendu la consacre uniquement au service de Dieu.

2. Et quand je fus venue en France, on m'appela Jeanne

Le temps des épreuves est venu. Jeannette va devenir Jeanne, et pour nous Jeanne d'Arc. Ses contemporains, remarquons-le, ne l'appelleront que « Jeanne la Pucelle » (la vierge).

Pour se faire accepter elle connaîtra toutes sortes de difficultés — bien compréhensibles d'ailleurs : il y a une telle distance entre la petite paysanne qu'elle est et l'incroyable vocation qu'elle porte !

Le premier homme à convaincre, c'est Robert de Baudricourt qui assume la défense de la forteresse de Vaucouleurs — cette même forteresse qui a subi sans succès d'ailleurs les assauts bourguignons en 1428. Robert a dû prendre l'engagement de ne pas attaquer les forces anglo-bourguignonnes pour que le siège de la cité soit levé : une sorte de déclaration de neutralité grâce à laquelle Antoine de Vergy a consenti à retirer ses troupes.

Il semble bien que Jeanne soit venue une première fois trouver Baudricourt avant cet assaut. Cela nous est attesté par quelqu'un qui a été mêlé à l'affaire : Bertrand de Poulengy, petit seigneur des environs, écuyer du roi de France : « Jeanne la Pucelle, dit-il, est venue à Vaucouleurs à l'époque de l'Ascension de Notre-Seigneur, à ce qu'il me semble. Et là, je l'ai vue parler à Robert de Baudricourt qui était alors capitaine de la ville. Elle lui disait qu'elle était venue vers lui, Robert, de la part de son Seigneur, pour mander au dauphin (futur Charles VII) qu'il se tienne bien et qu'il ne fasse guerre à ses ennemis car le Seigneur lui donnerait du secours avant la mi-Carême. »

Pour parvenir à Vaucouleurs, Jeanne avait eu recours à un cousin par alliance, Durand Laxart, qui habitait Burey-le-Petit, village proche de la cité-forteresse. Sous prétexte d'aller aider son épouse qui était en couches, Jeanne s'en était venue demeurer chez Durand et l'avait mis dans la confidence. Cette première rencontre s'était mal terminée. Robert avait recommandé de ramener cette fille à ses parents après lui avoir administré une bonne paire de claques. Il y eut ensuite l'épisode guerrier de l'attaque sur Vaucouleurs, et c'est à la fin de cette même année 1428 ou plutôt durant les premiers jours de 1429, que Jeanne retourne hardiment, toujours grâce à la complicité de Durand, trouver Baudricourt. Ce n'est qu'à la troisième tentative que celui-ci se laissera convaincre. Entre-temps, Jeanne aura réussi à persuader autour d'elle les habitants de Vaucouleurs. Ceux-ci, Durand Laxart nous le raconte, « lui achetèrent des vêtements d'homme, des chausses, des houseaux, et tout ce qui lui était nécessaire. Et moi-même et Jacques-Alain de Vaucouleurs, lui achetâmes un cheval pour le prix de douze francs, à nos propres frais ». Jeanne a trouvé le moyen de se faire héberger à Vaucouleurs, dans le ménage d'Henri Le Royer (le charron) et son épouse, Catherine. Celle-ci a gardé un vif souvenir du séjour de Jeanne : « Elle a été dans ma maison l'espace de trois semaines, raconte-t-elle, et c'est alors qu'elle a fait parler au seigneur Robert de Baudricourt pour qu'il l'a conduise au lieu où était le roi [...] N'avez-vous pas entendu dire qu''il a été prophétisé que la France serait perdue par une femme et restaurée par une vierge des Marches de Lorraine ? Je me souvins avoir entendu cela, et j'en fus stupéfaite. Et après cela j'ai cru à ses paroles, et avec moi beaucoup d'autres », raconte-t-elle.

Cette même petite Jeannette qui, à Domrémy, faisait « tout comme les autres », clamait alors obstinément sa mission et demandait qu'on la fasse conduire auprès de celui qu'elle appelait le dauphin. Un seigneur compagnon de Baudricourt, Aubert d'Ourches, avait été très frappé par la personne de Jeanne : « Cette pucelle, à ce qu'il me semblait, était remplie de bonnes mœurs.

J'aurais bien aimé avoir une fille aussi bien [...] Cette pucelle parlait très bien. » D'autres ont été de même conquis par l'insistance de Jeanne et sa ferme assurance ; ainsi Jean de Metz, écuyer du roi comme Bertrand de Poulengy : « Quand Jeanne la Pucelle, dit-il, fut parvenue aux lieu et ville de Vaucouleurs, je l'ai vue, vêtue de pauvres vêtements, des vêtements de femme, rouges... Je lui ai parlé, disant : ''Ma mie, que faites-vous ici ? Ne faut-il pas que le roi soit jeté hors du royaume et que nous soyons anglais ?'' Et la pucelle me répondit : ''Je suis venue ici à chambre de roi (dans une place royale) pour parler à Robert de Baudricourt pour qu'il veuille me conduire ou me faire conduire au roi, mais il ne fait pas attention à moi ni à mes paroles. Et pourtant, avant que ce soit la mi-Carême, il faut que je sois auprès du roi, dussé-je m'y user les pieds jusqu'aux genoux. Il n'y a en effet personne au monde, ni roi, ni duc, ni fille du roi d'Écosse ou autre, qui puisse recouvrer le royaume de France. Il n'aura secours si ce n'est de moi ; bien que j'eusse bien préféré rester à filer auprès de ma pauvre mère, car ce n'est pas mon état. Mais il faut que j'aille et que je fasse cela, car mon Seigneur veut que j'agisse ainsi.'' Je lui ai demandé, poursuit Jean de Metz, qui était son seigneur. Elle me dit que c'était Dieu. Et alors moi, Jean, qui témoigne ici, j'ai promis à la Pucelle, mettant ma main dans la sienne en geste de foi, que, Dieu aidant, je la conduirais vers le roi. Et je lui ai demandé quand elle voulait s'en aller. Elle me dit : "Plutôt aujourd'hui que demain et demain que plus tard." Alors je lui ai demandé si elle voulait s'en aller avec ses vêtements. Elle me répondit qu'elle préférerait avoir des vêtements d'homme. Alors, je lui ai donné vêtements et chausses d'un de mes serviteurs pour qu'elle puisse les revêtir. »

Ainsi s'est créé, autour de Jeanne, tout un élan de solidarité. Elle parvient à convaincre un à un tous ceux à qui elle s'adresse. Et finalement Robert de Baudricourt y est entraîné, lui aussi. Il n'est pas jusqu'au duc de Lorraine lui-même qui, dans sa ville de Nancy, n'ait entendu parler d'elle. Il croit avoir affaire à une guérisseuse et lui fait envoyer un sauf-conduit pour qu'elle vienne le trouver, car il est alors gravement malade. Mais Jeanne n'est pas venue faire des miracles : elle est venue pour répondre à l'appel de Dieu qui n'attend pas d'elle une action miraculeuse ; tout ce qu'elle fait sera accompli, peut-on dire, à la force du poignet. Elle se contente d'exhorter le duc à une meilleure conduite (il avait délaissé son épouse pour une fille dont il avait cinq bâtards) et, profitant de l'occasion, lui demande si son beau-fils ne viendrait pas au secours du dauphin. Après quoi, elle tourne bride promptement et revient à Vaucouleurs, toujours escortée du fidèle Durand Laxart.

En arrivant, elle constate que l'atmosphère a

changé. Tout le monde parle d'elle dans la petite cité. Robert lui-même est influencé par tant d'assurance et une volonté si manifestement opiniâtre de parvenir auprès du roi; il prend une dernière précaution : il va la faire exorciser; il se fait accompagner d'un prêtre dûment revêtu de l'étole et muni d'eau bénite. Jeanne s'approchera du prêtre et se mettra à genoux : c'était le signe que le prêtre avait demandé; chacun est rassuré. Baudricourt se résigne à la laisser partir avec une petite escorte d'ailleurs spontanément constituée. Il y a là Jean de Metz et son valet, un certain Jean de Honnecourt, Bertrand de Poulengy qui amène lui aussi son valet nommé Julien, un messager royal habitué à parcourir les routes et qui en connaît bien les détours et les dangers, nommé Colet de Vienne, et enfin un certain Richard l'Archer. Robert accompagne la petite escorte jusqu'à la porte de France et prend congé de l'étrange fille qui a eu raison aussi bien de ses sarcasmes que de ses perplexités : « Va, va, et advienne que pourra ! »

Quelque six cents kilomètres à parcourir pour la plus large part dans une région où les Anglais et les Bourguignons (ce qui revient au même) sont partout, où leur garnison tient les villes et leurs soudards parcourent les campagnes : une véritable performance ! Cependant, pour Jeanne, c'est peut-être la plus difficile épreuve : chevaucher avec ces six hommes, elle, la petite paysanne qui n'a guère quitté jusqu'alors son village, c'est subir le redoutable test de la vie quotidienne.

Les deux jeunes seigneurs, Jean de Metz et Bertrand de Poulengy, ont fait par la suite leurs confidences à une femme, Marguerite La Thouroulde, dont les témoignages sont extraordinaires de bon sens et de clarté ; elle est l'épouse d'un conseiller du roi, Régnier de Bouligny ; et Jeanne sera, à Bourges, logée chez elle un peu plus de trois semaines. Elle nous raconte : « Ceux qui la menèrent au roi [...] tout d'abord la croyaient présomptueuse, et c'était leur intention de la mettre à l'épreuve. Mais lorsqu'ils se furent mis en route pour la conduire, ils furent prêts à faire tout ce qui plaisait à Jeanne, et ils avaient autant envie de la présenter au roi qu'elle-même. Et ils n'auraient pu résister à la volonté de Jeanne. Ils disaient qu'au début ils voulurent la requérir charnellement. Mais au moment où ils voulaient lui en parler, ils en avaient tellement honte qu'ils n'osaient pas lui en parler ni lui en dire mot. » Eux-mêmes ont dit les sentiments qui les agitaient : « J'étais très stimulé par ses voix, raconte Bertrand de Poulengy, car il me semblait qu'elle était envoyée de Dieu et je ne vis jamais en elle aucun mal. Mais toujours elle était si vertueuse fille qu'elle semblait une sainte. » Et Jean de Metz précise de son côté : « En chemin, Bertrand et moi, nous couchions tous les deux avec elle, et la Pucelle couchait à côté de moi, gardant son pourpoint et ses chausses. Et moi, je la craignais tellement que jamais je n'aurais osé la requérir. Et je dis par serment que jamais je n'eus envers elle désir ni mouvement charnel. »

La chevauchée durera onze jours. Elle sera prudente. « Nous avions peur à cause des soldats bourguignons et anglais qui régnaient par les chemins, et nous fîmes route pendant la nuit pour sortir du pays, le premier jour. » Jeanne, quant à elle, a un désir : « Elle nous disait souvent : ''Si nous pouvions ouïr messe, nous ferions bien.'' » Mais il s'agissait de chevaucher en dépit des « anxiétés » qu'ils eurent sur la route, et ils ne purent entendre la messe sur le chemin que deux fois. La première fois à Auxerre, quand déjà ils en avaient accompli la plus grande partie, puis à Sainte-Catherine-de-Fierbois, où ils se trouvent en pays ami, en territoire qui relève du roi de France. A ce moment l'épreuve est quasi terminée. Jeanne dicte alors une lettre au dauphin lui-même, lui demandant de la recevoir. Cette lettre, nous n'en avons pas la teneur. Probablement Colet de Vienne, dont c'est la fonction, puisqu'il est messager royal, aura-t-il été délégué en avant pour porter la lettre à Chinon, à force d'éperons. Les autres ont dû prendre un peu de repos. Jeanne déclare elle-même qu'une fois à Sainte-Catherine-de-Fierbois, elle entendit trois messes, ce qui suppose qu'elle y aura séjourné plus longtemps qu'ailleurs.

Mais il faut ici faire justice de toutes les sottises qui ont été écrites ou filmées à propos de cette arrivée de Jeanne à Chinon. La plus grossière, parce que ne tenant aucun compte de la vérité historique et renversant l'ordre des faits, est celle du scénario imaginé par Pierre Moinot pour le film tiré du roman qu'il intitula *Le Pouvoir et l'Innocence*. Là, retournant carrément la situation, le romancier indique que le roi lui-même, futur Charles VII, a *fait venir* Jeanne à Chinon. Celle-ci est d'ailleurs très indécise sur ce qu'elle doit faire, mais un petit moinillon — visiblement inspiré par les facéties d'un Umberto Eco (*Le Nom de la Rose,* etc.) — lui confie *sa* mission et la sacralise avec ce qu'on peut appeler un anneau magique qu'il lui passe au doigt et qui permettra à Jeanne de se souvenir dûment qu'elle est envoyée par les moines pour maudire les évêques ! Là-dessus, le roi Charles VII, qu'on présente comme un débile mental, ou peu s'en faut, décide de faire venir cette Jeanne de son Domrémy natal. En effet sa belle-mère, Yolande d'Aragon (ici l'emprunt est fait aux thèses de Philippe Erlanger, bien entendu) lui affirme que cette fille aurait tous les pouvoirs du monde si elle est bien et réellement vierge... Effectivement, Jeanne, embarquée dans l'aventure de gré ou de force (elle aurait préféré aller visiter les villes sur son passage !) échappe à une embuscade dressée sur sa route par le méchant La Trémoille. Pourquoi ? Parce que la virginité confère le don du miracle, tout simplement. Où la chose devient risible, c'est qu'une fois Jeanne à Chinon, la reine de Sicile, Yolande elle-même, va procéder à l'examen de sa virginité ! Nous aurions passé sous silence cet invraisemblable galimatias d'erreurs en tous genres si le film, projeté à la télévision, n'avait, nous nous en sommes rendu compte, troublé certains auditeurs. C'est l'exemple type de ces romanciers qui se rabattent sur la déformation des personnages historiques, faute d'imagination ou par souci d'une publicité rendue facile lorsque sur un personnage de confection on colle l'étiquette « Jeanne d'Arc ».

Ce n'est certes pas la première déformation qu'on ait fait subir au personnage et, soyons-en sûrs, ce ne sera pas la dernière. Il est même curieux de voir à ce propos le mal qu'on se donne pour ne pas accepter la vérité telle qu'elle est. Il est évident que ce départ de Jeanne pour une mission qui contraste si violemment avec son état de paysanne pose un problème initial. Et non moins exact que ce problème se présente tel que l'ont exposé les témoins du temps, ceux que nous avons cités.

Inutile de le dire, le roi, son entourage et généralement tous les contemporains, de quelque opinion ou statut social qu'ils fussent, ont été aussi surpris que nous-mêmes d'apprendre que la Pucelle « se rendait auprès du noble dauphin pour lever le siège d'Orléans et pour conduire le dauphin à Reims pour qu'il soit sacré ». Car la rumeur circulait depuis que Jeanne était arrivée en pays « armagnac », c'est-à-dire rallié à la couronne de France. Cette rumeur, qui s'est propagée avec la rapidité qui nous étonne toujours en ces époques de transmission orale, est même parvenue auprès du défenseur d'Orléans, Jean le Bâtard.

Car, voulant parachever leur conquête, les Anglais ont mis, au mois d'octobre 1428, le siège devant la cité d'Orléans, clé de la Loire, et donc de ces pays d'Outre-Loire où est réfugié le prétendant au trône, Charles VII que, par dérision, on appelle le roi de Bourges. La Loire n'offre, en fait, que deux ponts commodes pour une invasion venue de Normandie ou d'Ile-de-France : Angers et Orléans. Le « régent de France », Jean, duc de Bedford (il avait pris ce titre en 1422, à la mort du roi Henri V qui ne laissait pour héritier qu'un bébé de dix mois environ, le futur Henri VI), aurait préféré que l'armée s'acheminât vers le sud par Angers, car il s'était attribué le duché d'Anjou dont la conquête n'était pas terminée. Mais Orléans offrait une situation stratégique bien préférable : une fois la cité prise, on s'acheminait sans difficulté sur Bourges, et de là vers la Guyenne qui, elle, était anglaise par droit d'héritage et pour laquelle les suzerains anglais devaient seulement l'hommage au roi de France.

L'avis des conseillers militaires a prévalu et, dès le 12 octobre 1428, le siège était entrepris, les

Anglais s'étant emparés de la principale fortification défendant le pont sur la rive gauche de la Loire, ce qu'on appelait les Tourelles, tandis qu'ils investissaient méthodiquement toutes les portes de la cité proprement dite dont une seule devait parvenir à demeurer libre, ce qu'on appelait la Porte de Bourgogne, située à l'est d'Orléans. Il ne faisait de doute pour personne que le siège d'Orléans aboutirait au même résultat que le siège de Rouen qui, dès la date de 1418, avait littéralement livré au roi d'Angleterre la Normandie. Et peut-être les mauvaises nouvelles parvenues de ces bords de Loire avaient-elles influencé la décision de Baudricourt qui voyait là, comme tout le monde, l'acte final de la conquête anglaise. Et le tout n'allait pas sans soulever quelque indignation, car le seigneur naturel d'Orléans, Charles, le poète, avait été fait prisonnier à Azincourt. Or les usages de la chevalerie, — il est vrai bien estompés depuis deux siècles environ — voulaient qu'on épargnât la ville dont le seigneur était prisonnier de l'ennemi. C'est Jean, frère naturel de Charles (Louis d'Orléans l'avait eu d'une liaison avec Mariette d'Enghien) qui était venu défendre le fief orléanais. Selon l'usage, on l'appelait le Bâtard d'Orléans, et c'est ainsi qu'il signe ses lettres.

Toujours est-il que Jeanne, ayant passé la Loire à Gien, arrive à Chinon. A quelle date exactement ? On en discute. En effet, on est sûr que la chevauchée depuis Vaucouleurs a duré onze jours. Quant au départ, il a eu lieu, selon l'expression de Jean de Metz, « environ le dimanche des Bures », c'est-à-dire le premier dimanche de Carême qui, cette année-là, 1429, tombait le 12 février. La plupart des historiens ont placé l'arrivée de Jeanne à Chinon au 6 mars. Un érudit, pourtant, Pierre Boissonnade, retient la date du 23 février qui est indiquée par un certain greffier de La Rochelle, lequel semble avoir noté au jour le jour les événements. Il en a ensuite rédigé une chronique, cela dès le mois de septembre 1429. Mais, il faut bien le dire, plusieurs dates indiquées par ce greffier sont inexactes. On peut hésiter, donc, entre le 25 février et le 6 mars 1429, tout au moins pour la réception de Jeanne par le roi.

« J'y arrivai (à Chinon) vers l'heure de midi, déclare Jeanne elle-même et me logeai en une hôtellerie. Et après le repas, j'allai vers mon roi qui était au château. » Cependant, il semble bien qu'entre son arrivée et sa réception — de nombreux témoins présents à l'entrevue l'attestent — quelque temps se soit écoulé. Jeanne a pu indiquer par ces paroles à quelles heures ont eu lieu son arrivée puis, après un délai qu'elle ne souligne pas, son entrevue avec le roi au château.

En même temps que la lettre de Jeanne, un messager lui avait apporté directement une lettre de Robert de Baudricourt, le mettant au courant des dires et des faits et gestes de celle-ci. Il semble que le roi ait pris conseil de son entourage et que l'opinion générale ait été qu'au point où l'on en était il pouvait toujours recevoir cette fille inconnue qui se disait envoyée par Dieu.

« Il était haute heure », au témoignage de Jeanne, quand elle fut autorisée à monter jusqu'à la grande salle du château de Chinon où le roi avait réuni en hâte ses conseillers, les chevaliers qui se trouvaient au château, les prélats qu'il avait pu atteindre, toute une foule qui, sans doute, aurait pu intimider un personnage moins décidé que Jeanne et moins sûr de sa mission. On a même raconté — aussitôt après l'événement, puisque le chroniqueur officiel du roi, Jean Chartier, nous l'a rapporté — que le roi s'était mêlé aux gens de la cour et avait tenté d'induire la petite « bergerette » en erreur en lui désignant l'un de ses familiers comme étant le roi, ce qui n'avait pas empêché Jeanne de plier le genou devant lui en lui délivrant le message pour lequel elle venait : « Très noble seigneur dauphin, je suis venue et suis envoyée de par Dieu pour apporter du secours à vous et à votre royaume. »

L'un des témoignages les plus précis, et probablement les plus exacts, se trouve rapporté par quelqu'un qui n'était pas présent à l'événement : précisément ce Jean Pasquerel, un ermite de Saint-Augustin dont le film cité plus haut fait un franciscain auteur même de la mission de Jeanne ! En réalité, ce Jean Pasquerel a bien existé. Il est devenu le confesseur de Jeanne lorsqu'elle l'a rencontré un peu plus tard, à Tours, où était son couvent ; par la suite, il devait la suivre et l'assister dans toutes ses campagnes jusqu'au moment où elle fut faite prisonnière. Il a certainement reçu ses confidences et nous rapporte les paroles échangées de la façon suivante : « Gentil dauphin, j'ai nom Jeanne la Pucelle et vous mande le Roi des cieux par moi que vous serez sacré et couronné en la ville de Reims, et vous serez le lieutenant du Roi des cieux qui est roi de France. » Et après d'autres questions posées par le roi, Jeanne lui dit de nouveau : « Je te dis, de la part de Messire, que tu es vrai héritier de France et fils de roi. » Certains doutes avaient été émis sur la légitimité de Charles. Et depuis sept ans (son père, Charles VI, étant mort en 1422) il revendiquait son royaume qui visiblement lui échappait de plus en plus. « Cela entendu, poursuit Jean Pasquerel, le roi dit aux assistants que Jeanne lui avait dit certains secrets que personne ne savait et ne pouvait savoir si ce n'est Dieu. C'est pourquoi il avait grande confiance en elle. Tout cela, ajoute-t-il, je l'ai entendu de la bouche de Jeanne, car je n'y ai pas été présent. »

D'après plusieurs autres assistants, en effet, il y aurait eu un colloque en tête-à-tête entre le roi et Jeanne. Et la plupart disent : « Après l'avoir entendue, le roi paraissait radieux. »

Quel pouvait être ce secret révélé au roi par Jeanne ? Il est évident que les faiseurs d'hypothèses ont eu beau jeu à ce sujet. Le comble de l'absurdité a été, évidemment, de prétendre que Jeanne, en la circonstance, se serait révélée comme une sœur bâtarde de Charles VII ! On sait que cette thèse ridicule a vu le jour au début du XIXe siècle dans la cervelle d'un sous-préfet qui se croyait dramaturge et avait écrit une pièce de théâtre dans laquelle Jeanne d'Arc était présentée comme fille bâtarde d'Isabeau de Bavière et de Louis d'Orléans[1] ! Un roi doutant de sa légitimité, rassuré par une bâtarde — difficile d'imaginer une situation aussi ridicule ! Jeanne a été longuement interrogée par ses juges de Rouen pour savoir ce qu'elle avait dit au roi ; ils n'ont jamais reçu d'elle la moindre réponse à ce propos : « Vous ne le tirerez pas de ma bouche », leur a-t-elle déclaré. Elle a expressément soustrait du serment qu'on lui a fait prêter au début des interrogatoires la teneur des révélations qu'elle a faites au roi Charles sur ordre de ses voix. On ne possède sur le sujet qu'une seule et assez vague indication, provenant d'une confidence du seigneur de Boissy, chambellan de Charles VII, nommé Guillaume Gouffier. Dans sa vieillesse, le roi lui aurait confié qu'au temps où il se trouvait en plein désarroi il

---

1. Il s'agit d'un nommé Caze, sous-préfet de Bergerac ; la thèse a été reprise par de multiples auteurs, et réfutée par tous les historiens. On peut consulter à ce propos l'ouvrage de Yann Grandeau, *Jeanne insultée. Le procès en diffamation,* Paris, Albin-Michel, 1973.

avait un jour, seul dans son oratoire, ardemment prié Dieu de lui permettre, s'il était véritablement héritier de la maison de France, « qu'il lui plût de le garder et défendre... et lui donner grâce d'échapper sans mort ni prison et qu'il pût se sauver en Espagne ou en Écosse qui étaient de toute ancienneté frères d'armes et alliés des rois de France. Or, la Pucelle lui avait révélé cette prière qu'elle ne pouvait connaître si ce n'est par inspiration divine ».

Cet éclair de joie sur un visage généralement maussade — et qui avait quelques raisons de l'être ! — est suivi d'une décision immédiate : dès le lendemain, en effet, Jeanne, qui a été invitée à loger dans le château même, apprendra que le roi désire l'emmener à Poitiers pour la faire examiner par des clercs et des maîtres de l'université de Paris repliés en « zone libre » : il s'agit de ceux d'entre les universitaires, peu nombreux, qui ne se sont pas laissé acheter par l'envahisseur. Car dès le début de l'occupation anglaise l'université est devenue le principal soutien de l'occupant avec le duc de Bourgogne dont elle avait toujours approuvé les faits et gestes — à commencer par le meurtre du duc d'Orléans par son cousin, Jean sans Peur, pour lequel un universitaire fameux, maître Jean Petit, avait composé un plaidoyer aussi habile que verbeux démontrant que ce meurtre était bien pour le royaume...

Le roi, ses conseillers les plus intimes et avec

eux Jeanne, quittent donc le château de Chinon trois ou quatre jours plus tard et se rendent à la ville de Poitiers où Jeanne, pendant trois semaines au moins, va subir un véritable « procès ». Il s'agit de sonder les intentions, et au besoin les arrière-pensées de cette fille qui, après tout, n'est peut-être qu'une illuminée ; ou, pire encore, un agent de l'ennemi. Elle est logée dans la maison d'un avocat du roi, jadis au Parlement de Paris, maître Jean Rabateau, et quelques femmes sont secrètement désignées pour surveiller sa conduite, voir comment elle se comporte lorsqu'elle est seule ; tandis que, à plusieurs reprises, elle devra subir les questions que lui posent maîtres et prélats. L'un d'entre eux, Seguin Seguin, un dominicain qui enseignait la théologie, vivait encore en 1456 et se rappelait parfaitement les questions qu'il posait à Jeanne et ses réponses. « Je lui demandai, raconte-t-il, quel langage parlait sa voix. Elle me répondit : ''Meilleur que le vôtre.'' Moi, explique-t-il humblement, je parlais limousin. Et de nouveau, je lui demandai si elle croyait en Dieu. Elle me répondit : ''Oui, mieux que vous.'' »

Autant dire que la petite paysanne ne se laissait pas déconcerter par ces maîtres éminents. La réponse clé, elle la donne à maître Guillaume Aimeri, dominicain lui aussi, qui lui fait remarquer : « Tu as dit que la Voix t'a dit que Dieu veut délivrer le peuple de France des calamités dans lesquelles il est. S'Il veut le délivrer,

il n'est pas nécessaire d'avoir des gens d'armes. »
Et alors Jeanne répondit : « En nom de Dieu, les gens d'armes batailleront, et Dieu donnera victoire. » « De cette réponse, raconte le narrateur, maître Guillaume se tint content. » Il pouvait l'être en effet. C'était marquer de façon géniale le point de départ entre l'action divine et notre humble action à nous, qui sommes « les sarments de la vigne », comme dit l'Évangile, et qui devons, comme tout bon sarment, laisser pousser le raisin que la Vigne veut produire par nous.

Mais Seguin Seguin avait été très frappé des quatre points sur lesquels Jeanne prenait une sorte d'engagement : « D'abord, elle dit que les Anglais seraient défaits, et que le siège qui était mis devant la ville d'Orléans serait levé, et que la ville d'Orléans serait libérée des Anglais [...] Elle dit ensuite que le roi serait sacré à Reims [...] Troisièmement que la ville de Paris reviendrait dans l'obéissance du roi, et que le duc d'Orléans reviendrait d'Angleterre. Tout cela, concluait le vieux moine, je l'ai vu s'accomplir. »

Malheureusement pour l'Histoire, il ne nous reste guère que sa déposition pour évoquer, il est vrai de façon bien vivante, ce premier procès subi par Jeanne et mené à Poitiers au mois de mars 1429. Il avait été, selon l'usage, mis en écrit et formait registre. Plus d'une fois, lors du procès de Rouen, Jeanne s'y référa : « C'est dans le livre de Poitiers, dira-t-elle sur certaines questions, lorsque ses juges insistent; cela est en écrit à Poitiers. » Mais il est probable qu'un seul exemplaire en avait été dressé, et que cet exemplaire aura disparu. On a même accusé le triste Regnault de Chartres, archevêque de Reims, qui présidait les interrogatoires, de l'avoir détruit quand Jeanne a été faite prisonnière. Cela serait tout à fait dans la logique du personnage, lequel n'a pas hésité à retourner sa veste en plus d'une occasion. Lourde perte, car les questions étaient posées par des gens de bonne foi, et Jeanne n'hésitait pas devant eux à répondre en toute liberté : situation inverse de celle de Rouen, deux ans plus tard, en 1431. Nous ne possédons que le texte des conclusions remises par les docteurs de Poitiers au roi, qui disaient « qu'en elle on ne trouve point de mal mais seulement bien, humilité, virginité, dévotion, honnêteté, simplicité ».

C'est à Poitiers aussi que Jeanne subit l'examen de virginité sous le contrôle de deux dames qui faisaient partie de la suite de Yolande d'Aragon et dont on connaît les noms : Jeanne de Preuilly, dame de Gaucourt, et Jeanne de Mortemer, dame de Trêves. Ce qui motive cet examen de virginité, c'est que Jeanne se fait appeler Jeanne la Pucelle, c'est-à-dire la vierge. Si donc, il avait été constaté qu'elle ne l'était pas, elle aurait été convaincue de mensonge et la confiance qu'on pouvait lui accorder s'en trouvait annulée. Inutile d'aller soupçonner, comme l'ont fait certains universitaires sans sourciller, qu'elle eût été convaincue de sorcellerie, les sorcières ayant, paraît-il, commerce avec le diable ! Il faut croire que la science des savants docteurs va chercher bien loin des explications affriolantes sur des sujets pourtant bien simples : si Jeanne n'avait pas été vierge, on aurait vu en elle, tout simplement, une fille à soldats.

Toujours est-il que le séjour à Poitiers fait d'elle un personnage auquel on peut, si impossible que cela paraisse, accorder confiance au point de la mettre à la tête d'une armée.

Jeanne à l'étendard. Miniature du XVᵉ siècle (musée de l'Histoire de France, Archives Nationales).

3. Menez-moi à Orléans, je vous montrerai le signe pour lequel j'ai été envoyée

L'arrivée de Jeanne à Chinon, la décision de la mettre à l'épreuve et de la considérer comme chef de guerre auront déterminé tout un mouvement chez le roi de France et ses partisans, accablés jusqu'alors par la succession implacable des défaites — la dernière a été cette fameuse « journée des harengs » : l'attaque d'un simple convoi de ravitaillement le 12 février 1429 —, un désastre qui atteint jusqu'au ridicule, les forces françaises et le bataillon écossais qui étaient venus se joindre à elles ayant été battus par la poignée d'Anglais qui escortaient le convoi, cela faute de discipline dans l'action, le Bâtard d'Orléans ayant été blessé dès le premier engagement. Une véritable psychose de défaite s'est dès lors installée et les bourgeois d'Orléans ont envoyé une délégation au duc de Bourgogne lui demandant d'épargner leur ville de plus en plus réduite à la famine. Le duc — c'est alors Philippe le Bon — s'est contenté de retirer son propre contingent de l'armée des assiégeants, mais on ne sait ni la nature, ni la quantité des forces qu'il y avait envoyées et la suite du siège ne semble pas avoir été troublée pour autant.

Le dauphin — c'est ainsi que Jeanne l'appelle et elle précise qu'elle ne l'appellera le roi que lorsqu'il aura été sacré par l'onction en la ville de Reims comme ses ancêtres — est donc sorti de son apathie et sa belle-mère, Yolande d'Aragon, a décidé de participer à l'effort sur le plan financier. Une armée va être réunie. Jeanne est considérée réellement comme chef de guerre : le roi lui donne un intendant, Jean d'Aulon, deux pages, Louis de Coutes qui déjà a été attaché à sa personne au château de Chinon et un autre nommé Raymond et, ce qui est fort important, deux hérauts, deux messagers, nommés l'un Guyenne et l'autre Ambleville. C'est lui reconnaître une fonction, un peu comme aujourd'hui, un fonctionnaire supérieur a droit à un bureau, voire à une voiture.

Lorsqu'on l'interrogeait à Poitiers, Jeanne dans son impatience d'agir, disait à ceux qui lui demandaient « un signe de son fait » : « En nom Dieu, je ne suis pas venue à Poitiers pour faire signe, mais conduisez-moi à Orléans, je vous montrerai les signes pour lesquels j'ai été envoyée. » Cependant, comme Orléans est ville assiégée et qu'on ne pourra aborder la ville qu'avec une armée, Jeanne est d'abord conduite à Tours, où on va la faire équiper militairement : on lui fera faire « harnais tout propre pour son corps », c'est-à-dire une armure à ses mesures. Aujourd'hui encore, existe dans la ville la « rue de l'homme armé » où se trouvait l'armurier chargé de cette besogne. Jeanne, de son côté, se fait faire par la même occasion un étendard et une bannière. La description de l'étendard est bien connue : il représentait « l'image de Notre Seigneur assis au Jugement dans les nuées du ciel et il y avait un ange peint tenant dans ses mains une fleur de lys que l'image bénissait ». Ainsi le décrit Jeanne elle-même, en précisant qu'il était fait de « blanc boucassin », c'est-à-dire de toile forte de couleur blanche. C'est avec cet étendard en mains qu'elle montera à l'assaut, car, elle le déclare aussi : « Je prenais l'étendard en mains quand on allait à l'assaut pour éviter de tuer personne. Je n'ai jamais tué personne. » Aussi bien déclare-t-elle qu'elle aimait mieux « voire quarante fois son étendard que son épée ».

Cependant, Jeanne a eu aussi une épée et cette épée a son histoire. En effet, étant à Tours, Jeanne a envoyé chercher à Sainte-Catherine-de-Fierbois une épée en précisant qu'on la trouverait en terre derrière l'autel. Effectivement, « l'épée a été trouvée, les prélats de l'endroit l'ont fait frotter et aussitôt la rouille en est tombée sans difficulté.

Cette épée était marquée de cinq croix ». C'est celle que Jeanne a portée lors de la libération d'Orléans. Les gens de Tours firent faire pour cette épée deux fourreaux : « Un de velours rouge et l'autre de drap d'or, et moi, ajoute-t-elle, j'en ai fait faire un autre de cuir bien fort. »

Quant à sa bannière, elle a un but uniquement religieux. Elle porte « l'image de Notre Seigneur crucifié » et autour de la bannière « deux fois le jour, le matin et le soir, Jeanne faisait rassembler tous les prêtres, et une fois réunis, ils chantaient des antiennes et des hymnes à sainte Marie et Jeanne était avec eux. Elle ne voulait pas qu'aux prêtres se mêlent les soldats s'ils ne s'étaient confessés et elle exhortait tous les soldats à se confesser pour venir à cette réunion ». Nous avons ici le témoignage de Jean Pasquerel, le frère Augustin qui a rencontré Jeanne à Tours. Il revenait alors du Puy où il avait fait connaissance avec un groupe de pèlerins parmi lesquels se trouvait la mère même de Jeanne, Isabelle Romée. Il faut dire que ce pèlerinage du Puy était très célèbre dans toute la chrétienté : il avait lieu chaque fois que le Vendredi saint tombait le 25 mars, jour de l'Annonciation. Ce fut le cas en l'année 1429. Isabelle Romée avait insisté pour que ce « bon père », qui avait dû lui faire la meilleure impression, s'occupe de Jeanne puisque il était de Tours où elle avait probablement su que sa fille avait été amenée. Il n'est pas inutile après les élucubrations de Pierre Moinot de préciser que Jean Pasquerel voit alors Jeanne pour la première fois.

Quant à l'attitude de Jeanne au milieu des soldats, elle nous est rapportée par l'un d'entre eux, Gobert Thibault, qui n'est pas un gentilhomme, mais représente dans l'entourage de Jeanne le combattant moyen : « Jeanne était bonne chrétienne, dit-il ; elle entendait volontiers chaque jour la messe et recevait souvent le sacrement de l'Eucharistie. Elle s'irritait beaucoup quand elle entendait jurer [...] Dans l'armée, elle était toujours avec les soldats et j'ai entendu dire par plusieurs des familiers de Jeanne que jamais ils n'avaient eu désir d'elle, c'est-à-dire, explique-t-il avec beaucoup de finesse, que parfois ils en avaient volonté charnelle, cependant jamais n'osèrent s'y laisser aller et ils croyaient qu'il n'était pas possible de la vouloir ; et souvent quand ils parlaient entre eux du péché de la chair et disaient des paroles qui pouvaient exciter à la volupté, quand ils la voyaient et s'approchaient d'elle, ils n'en pouvaient plus parler et soudain s'arrêtait leur transport charnel. J'ai interrogé à ce sujet plusieurs de ceux qui parfois la nuit couchèrent en compagnie de Jeanne et ils me répondaient comme je l'ai dit, ajoutant qu'ils n'avaient jamais ressenti désir charnel au moment où ils la voyaient. » Autrement dit, la soldatesque qui fait désormais l'entourage de Jeanne est consciente d'une sorte de pouvoir de pureté qui émane d'elle; en sa présence, les hommes se trouvent amenés à maîtriser leurs sens.

Le témoignage est à compléter par celui de Marguerite La Touroulde qui dira, parlant du séjour que Jeanne fit chez elle au retour du sacre, à Bourges, « elle fut dans ma maison l'espace de trois semaines couchant, buvant et mangeant; et presque chaque jour je couchais avec Jeanne et je n'ai rien vu en elle ou aperçu quoi que ce soit de trouble. Mais elle se conduisit et se conduisait comme une femme honnête et catholique, car elle se confessait très souvent, entendait volontiers la messe et souvent me demanda d'aller à matines, et à son instance j'y allai et la conduisis plusieurs fois. Parfois, ajoute-t-elle, nous parlions ensemble et on disait à Jeanne qu'elle ne devait sans doute pas avoir peur d'aller à l'assaut parce qu'elle savait bien qu'elle ne serait pas tuée. Elle répondait qu'elle n'avait pas plus de sûreté qu'aucun autre combattant... » Et d'ajouter: « Plusieurs fois je l'ai vue aux bains et aux étuves, et autant que j'ai pu le voir, je crois qu'elle était vierge, et en tout ce que je sais, elle était toute innocence. » A cela s'ajoute un trait d'humour : « Plusieurs femmes venaient chez moi quand Jeanne y demeurait et apportaient des patenôtres (chapelets) et autres objets de piété pour qu'elle les touchât, ce qui la faisait rire, et elle me disait : "Touchez-les vous-même, ils seront aussi bons de votre toucher que du mien!" »

Les préparatifs ayant été rapidement menés, l'armée royale s'est trouvée prête et concentrée à Blois vers la fin de ce mois d'avril. Les Anglais occupant la Loire (on se souvient qu'ils se sont d'abord emparés de la forteresse des Tourelles sur la rive gauche pour mieux investir la ville et la couper de la rive encore française), le conseil des capitaines préfère faire traverser le fleuve par les troupes et les acheminer par la Sologne. Seuls les vivres et équipements divers seront chargés sur des bateaux pour être acheminés vers Orléans. La plupart de ces bateaux devront d'ailleurs être envoyés depuis la cité orléanaise ou un peu en aval.

Pour Jeanne qui brûlait de mener l'assaut et de commencer l'action, on imagine que toutes ces précautions et ces lenteurs devaient être exaspérantes. Ce n'est qu'au soir du vendredi 29 avril 1429, qu'elle aperçoit de loin le site d'Orléans, mettant pied à terre au village de Chécy. Quelqu'un l'attend sur la rive. Jeanne l'apostrophe sans ménagement : « Êtes-vous le Bâtard d'Orléans ?

— Oui, je le suis et je me réjouis de votre venue.

— Est-ce vous qui avez donné le conseil que je vienne ici de ce côté du fleuve et que je n'aille pas tout droit là où sont Talbot (le capitaine anglais) et les Anglais ? »

Sans doute un peu surpris de ce contact abrupt, le Bâtard répond : « Moi-même et d'autres des plus sages ont donné ce conseil, croyant faire ce qu'il y avait de meilleur et de plus sûr.

— En nom Dieu, répond Jeanne, le conseil du Seigneur Notre Dieu est plus sage et plus sûr que le vôtre. Vous avez cru me tromper, et c'est vous surtout qui vous trompez, car je vous apporte meilleur secours qu'il ne vous en est venu d'aucun soldat ou d'aucune cité, c'est le secours du Roi des Cieux. »

Et, racontant la scène, celui qui pour l'histoire est Jean, seigneur de Dunois, rappelle qu'au moment même de cette algarade, « le vent qui était contraire et qui empêchait absolument que les navires ne remontent, dans lequels étaient les vivres pour la cité d'Orléans, changea et devint favorable... Depuis ce moment-là, ajoute-t-il, j'ai eu bon espoir en elle [Jeanne], plus qu'auparavant ».

Il était important, ce convoi de vivres, car la cité déjà connaissait la famine. Le Bâtard, tout heureux de ce changement qui favorise les opérations, demande alors à Jeanne de traverser la Loire avec lui et d'entrer « dans la ville d'Orléans où on la désirait extrêmement »... « Alors, dit-il, Jeanne vint avec moi, portant en sa main son étendard qui était blanc et sur lequel était l'image de Notre Seigneur tenant une fleur de lys dans la main. Elle traversa avec moi et La Hire le fleuve de Loire, et nous entrâmes ensemble dans la ville d'Orléans. » La Hire dont il parle aura sa place aux côtés de Jeanne dans toute l'épopée militaire qui va suivre. Il s'agit d'un seigneur méridional,

Étienne de Vignolles, qui a laissé un souvenir de courage pimenté de quelque truculence et aussi d'une fidélité sans faille à l'héroïne, qu'il a soutenue, semble-t-il, dès le premier moment.

Jeanne fait donc dès ce soir-là son entrée dans la cité où l'on parle beaucoup d'elle depuis que l'on a appris l'espoir qu'elle promet : espoir de libération, capital pour des gens qui subissent un « enfermement » depuis le mois d'octobre précédent et déjà ont pu penser que leur sort serait semblable à celui de la cité de Rouen réduite par la famine à la capitulation, onze ans auparavant. « Vinrent la recevoir les gens de guerre, bourgeois et bourgeoises d'Orléans, portant grand nombre de torches et faisant telle joie comme s'ils avaient vu Dieu descendre parmi eux ; et non sans cause, car ils avaient plusieurs ennuis, travaux et peines et grand crainte de n'être pas secourus et de perdre tout, corps et biens. Mais ils se sentaient déjà tout réconfortés et comme désassiégés par la vertu divine qu'on leur disait être en cette simple pucelle qu'ils regardaient fort affectueusement tant hommes, femmes que petits enfants, et il y avait merveilleuse foule et presse à la toucher, ou au cheval sur lequel elle était [...] Ainsi l'accompagnèrent au long de leurs ville et cité, faisant grande joie ; et par très grand honneur la conduisirent tous jusqu'auprès de la porte Regnard, en l'hôtel de Jacques Boucher, alors trésorier du duc d'Orléans, où elle fut reçue à très grande joie avec ses deux frères et deux gentilhommes et leurs valets qui étaient venus avec eux du pays de Barrois. »

Ce texte publié par Jules Quicherat, en même temps que celui des deux procès de Jeanne, est tiré du *Journal du siège d'Orléans* — un récit qui se compose de notes prises au jour le jour, sans doute par un clerc orléanais qui a vécu les événements. Il comporte des indications très exactes, d'abord sur les origines de Jeanne — ce pays « barrois », qui confine à la Lorraine — sur sa famille aussi en évoquant ses deux frères qui l'ont rejointe à Tours ou à Blois plus probablement. Jeanne, on le sait, a trois frères aînés, Jacques ou Jacquemin, Pierre et Jean. Après elle est née aussi une petite sœur nommée Catherine qui mourra jeune ; mais Pierre et Jean lui survivront longtemps ainsi que sa mère Isabelle. Enfin la précision sur le logement de Jeanne à Orléans, la maison de Jacques Boucher, qui elle aussi avait traversé les siècles presque sans encombre puisqu'elle n'a été détruite que lors de l'avance ennemie en 1940. Mais après la guerre, André Malraux a tenu à ce qu'elle soit reconstituée et cela avec des matériaux anciens — ce qui n'était pas difficile étant donné l'énorme quantité de matériaux retrouvés sur place lors de la reconstruction de la ville, dont tout le centre avait été littéralement rasé au sol. On sait que le maire d'Orléans, René Thinat, l'avait consacrée à une évocation permanente de la vie et des victoires de

La « maison de Jeanne d'Arc » à Orléans.

Jeanne dès 1973, en même temps qu'il installait à Orléans le Centre Jeanne-d'Arc, centre de documentation historique qui réunissait sur microfiches la totalité des documents du XVe siècle concernant Jeanne d'Arc et puisait aussi bien aux Archives départementales et à la bibliothèque municipale d'Orléans qu'aux divers dépôts, archives nationales, Bibliothèque nationale (ceux-ci sur microfilms), British Museum à Londres, Bibliothèque de Genève, etc., où sont conservés les originaux[1].

Dans cette maison aux structures anciennes reconstituées fidèlement grâce aux nombreuses photographies qui en avaient été prises avant la guerre, qui se dresse aujourd'hui sur la place Charles-de-Gaulle, Jeanne a résidé durant son séjour à Orléans.

Ce qui est extraordinaire, c'est que ce séjour ait été si court et que les espoirs des Orléanais, qui se sentaient désassiégés, aient été si rapidement comblés. Encore faut-il tenir compte de ce que les opérations voulues par Jeanne n'ont pu être menées rapidement, car il fallait d'abord que le gros des troupes et du ravitaillement, concentré à Blois, eût été acheminé aux abords d'Orléans

---

1. Plus de treize mille documents s'y trouvaient réunis à la date de 1985, ainsi qu'une bibliothèque de plus de dix mille ouvrages et dossiers. Grâce à ce centre ont été préparées plus d'une thèse consacrée à Jeanne d'Arc, entre autres celle de Gerd Krumeich, publiée depuis sous le titre *Jeanne d'Arc in der Geschichte-Politik-Kultur*, Thorbecke, 1989.

— opération que le Bâtard lui-même entendait mener. Si bien que Jeanne, si pressée de combattre, dut encore ronger son frein pendant quatre jours ; non qu'elle soit restée inactive, mais son activité a dû se borner à aller sur les remparts reconnaître les positions anglaises, les « boulevards » (fortifications formées en général de fossés étayés en bois) qu'ils avaient dressés, et à faire envoyer une flèche par-dessus ces positions pour que les Anglais lui renvoient le héraut qu'elle leur avait adressé, Guyenne, porteur de la fameuse « Lettre aux Anglais », envoyée depuis Poitiers, dès le jeudi 5 mai 1429. Le héraut avait été retenu prisonnier par eux, contre toutes les lois de la guerre.

Le mercredi 4 mai seulement, le Bâtard est de retour. Il viendra trouver Jeanne « après dîner » (le dîner étant alors le repas de midi) dans le logis qu'elle occupe et lui annoncer qu'une armée anglaise commandée par le capitaine John Falstaff est en route vers Orléans, ce qui ne semble pas le moins du monde ébranler la conviction de Jeanne que le siège d'Orléans va être rapidement levé.

Ce même jour, dans l'après-midi, Jeanne qui prend un peu de repos, entend un bruit de combat, appelle son page Louis de Coutes, se fait rapidement armer par la dame de la maison et sa fille, et, tandis que Louis de Coutes arrive avec son cheval harnaché, l'envoie chercher son étendard qu'elle a laissé à l'étage. Il est à souligner que dans l'ensemble des cérémonies qui commémorent toujours en notre XXe siècle la libération d'Orléans, ce geste est répété : l'un des pages de celle qui est élue « Jeanne d'Arc » pour l'année lui tend, d'une fenêtre de la « Maison de Jeanne d'Arc », l'étendard qu'elle emporte[2].

Reste qu'en cette fin d'après-midi du mercredi 4 mai, veille de l'Ascension, il y eut en effet une escarmouche du côté de la « bastide » ou forteresse de Saint-Loup. Il s'agissait d'une fortification élevée par les Anglais sur une île de la Loire, l'île Saint-Loup, et destinée à bloquer quelque jour l'ancienne voie romaine qui conduisait jusqu'à la porte de Bourgogne, la seule, on s'en souvient, qui fût demeurée libre. Cette progression dans l'encerclement eût définitivement « bouclé » la cité. Or, cette forteresse fut prise, — et c'était la première victoire obtenue par les Français depuis le début du siège.

Le lendemain, jour de l'Ascension, la trêve religieuse étant généralement observée, il n'était pas question de combattre. Jeanne en profite pour envoyer sa dernière sommation aux Anglais, aussi catégorique que la première : « Vous, Anglais, qui n'avez aucun droit sur ce royaume de France, le Roi des Cieux vous ordonne et mande par moi,

---

2. A noter aussi l'erreur assez plaisante commise dans le film de Pierre Moinot, où le scénario montre une attaque de nuit, ce qui est plutôt risible : il semble avoir oublié qu'on ne vivait pas alors au temps de l'électricité !

Jeanne la Pucelle, que vous quittiez vos forteresses et retourniez dans votre pays ou sinon je vous ferai tel hahay (traduisons par : assaut), dont sera perpétuelle mémoire. Voilà ce que je vous écris pour la troisième et dernière fois et n'écrirai pas davantage. Signé : Jésus Maria, Jeanne la Pucelle. » Et la lettre comporte un post-scriptum : « Moi, je vous aurais envoyé mes lettres honnêtement, mais vous, vous détenez mes messagers, car vous avez retenu mon héraut nommé Guyenne. Veuillez me le renvoyer et je vous enverrai quelques-uns de vos gens pris dans la forteresse de Saint-Loup, car ils n'y sont pas tous morts. »

Le soir de ce même jour, Jeanne demande à son chapelain, Jean Pasquerel, de se lever bon matin le lendemain de façon à ce qu'elle puisse se confesser et entendre la messe avant l'assaut qu'elle espère bien donner cette fois.

Non sans difficulté, car si elle avait décidé d'attaquer, les autorités de la ville, — en l'espèce le sire de Gaucourt — n'étaient pas de cet avis. La victoire obtenue du côté de Saint-Loup paraissait suffisante, pour quelques jours au moins. Il fit garder les portes de la cité en ordonnant que personne n'en sorte. « Jeanne, cependant, ne fut pas contente de cela », écrit un témoin, Simon Charles, un familier du roi Charles VII. « Elle fut d'opinion que les soldats devaient sortir avec les gens de la ville et donner assaut à la bastide » (des Augustins) : un couvent qui avait été abandonné et partiellement détruit sur la rive gauche, mais avait été relevé par les assaillants pour mieux garantir leur principale position, la fameuse bastide des Tourelles qui protégeait l'accès du pont d'Orléans. « Beaucoup d'hommes d'armes et de gens de la ville furent du même avis. » Il y eut certainement une altercation entre Jeanne et Raoul de Gaucourt, « et contre la volonté du seigneur de Gaucourt, les soldats qui étaient dans la ville sortirent et allèrent à l'assaut pour envahir la bastide des Augustins qu'ils prirent de force ».

Il semble que l'ordre des événements ait été d'abord une attaque sur la bastide qu'on appelait de Saint-Jean-le-Blanc. Elle était située sur la rive gauche de la Loire, en aval de l'île Saint-Loup, et donc de la place prise la veille. Or, les Français qui s'y portent avec Jeanne la trouvent dégarnie : à leur approche, « les Anglais qui étaient dedans, dès qu'ils aperçurent la venue des Français, s'en allèrent et se retirèrent en une autre plus forte et plus grosse bastide, appelée la bastide des Augustins. Les Français, voyant qu'ils n'étaient assez puissants pour prendre cette bastide, il fut résolu qu'ils s'en retourneraient sans rien faire ». Or, deux personnages se portent en avant pour protéger la retraite : la Pucelle et La Hire. Ceux-ci, « lorsqu'ils aperçurent que les ennemis sortaient de la bastide pour courir sur leurs gens, eux qui étaient toujours au devant d'eux pour les garder, couchèrent leurs lances et tout les premiers commencèrent à frapper sur les ennemis, et alors chacun les suivit et commença à frapper de telle manière qu'à force ils contraignirent les ennemis à se retirer et à entrer en la bastide des Augustins [...] Très âprement et à grande diligence, ils l'assaillirent de toutes parts, de telle façon qu'en peu de temps, ils la gagnèrent et prirent d'assaut [...] Et ainsi obtinrent la Pucelle, et ceux qui étaient avec elle, victoire sur les ennemis pour ce jour, et fut la grosse bastide gagnée, et demeurèrent devant elle les seigneurs et leurs gens, avec la Pucelle, toute cette nuit ». C'est ainsi que Jean d'Aulon, l'intendant de Jeanne, qui a pris part au combat, nous en fait le récit.

On voit comment l'action s'est passée. Jeanne se porte avec La Hire pour protéger la retraite après que celle-ci ait été décidée ; pour mieux protéger l'arrière-garde, ils se retournent contre l'ennemi menaçant et du même coup entraînent les troupes à reprendre l'attaque au lieu de se replier. C'est ainsi que, emportés par un élan désormais invincible, Jeanne, et ceux qui la suivaient, prennent ce jour-là d'assaut la plus grosse bastide, ce couvent des Augustins qui protège directement la forteresse des Tourelles. Prise importante et inespérée au point que toute l'armée campe sur place ce soir-là.

Une nuit étonnante allait suivre. Dans la cité, on mesure l'intérêt d'une pareille victoire et « ceux d'Orléans faisaient grande diligence de porter toute la nuit pain, vin et autres vivres aux gens de guerre tenant le siège ». Cela laissera des traces sur les registres de comptes de la municipalité où il est question de pains, de jambons et d'autres victuailles portés aux assiégeants qui campent sur place.

Mais une fois de plus, Jeanne devra livrer le plus important de ses combats : celui qu'elle mène contre ses propres partisans. Son confesseur, Jean Pasquerel, en est témoin. « Après dîner, dit-il, vint vers Jeanne un chevalier vaillant et notable dont je ne me rappelle plus le nom. Il dit à Jeanne que les capitaines et les soldats du roi avaient tenu ensemble conseil et qu'ils voyaient qu'ils étaient peu nombreux au regard des Anglais et que Dieu leur avait fait grande grâce des satisfactions obtenues, ajoutant : considérant que la ville est bien munie de vivres, nous pourrions bien garder la cité en attendant le secours du roi et il ne semble pas indiqué au conseil que les soldats sortent demain. Jeanne répondit : ''Vous avez été à votre conseil et moi au mien et croyez que le conseil de mon Seigneur sera accompli et tiendra et que ce conseil-là périra.'' » Devant ces soldats qui se satisfont de la moindre victoire gagnée et qui, habitués à la défaite, considèrent dès lors qu'on peut en rester là, elle, Jeanne, ne perd pas de vue l'objectif essentiel et tient au contraire à profiter de l'avantage obtenu. En quoi, du reste, les soldats

Jeanne au combat : miniature extraite des *Vigiles de Charles VII*. Chronique de Jean Chartier mise en vers par Martial d'Auvergne en 1484 (BN, ms. français 5054).

la suivent. Ce soir-là, elle avertit son chapelain qu'elle serait blessée le lendemain, ce qui devait arriver en effet.

Dès l'aube de ce samedi 7 mai, Jeanne assistait de nouveau à la messe, puis faisait reprendre l'assaut, cette fois contre la principale forteresse, celle des Tourelles, qui bloquait l'entrée du pont et empêchait Orléans de communiquer avec la France du sud, où était le roi, d'où venaient les renforts. Comme elle l'avait prédit, elle fut blessée « d'une flèche au-dessus du sein et quand elle se sentit blessée, elle eut peur et pleura ». Suivant les procédés d'alors, on mit sur la blessure de l'huile d'olive et du lard et Jeanne retourna au combat. Mais les Tourelles étaient bien fortifiées.

Le Bâtard d'Orléans devait plus tard témoigner de la dure journée que fut ce 7 mai 1429. « L'assaut dura depuis le matin jusqu'à huit heures de vêpres (après-midi), si bien qu'il n'y avait guère d'espoir de victoire ce jour-là. Aussi j'allais m'arrêter et voulais que l'armée se retire vers la cité. Alors la Pucelle vint à moi et me requit d'attendre encore un peu. Elle-même, à ce moment-là, monta à cheval et se retira seule en une vigne assez loin de la foule des hommes et dans cette vigne, elle resta en oraison l'espace de la moitié d'un quart d'heure, puis elle revint de cet endroit, saisit aussitôt son étendard en main, et se plaça sur le rebord du fossé ; et à l'instant qu'elle fut là, les Anglais frémirent et furent terrifiés et les soldats du roi reprirent courage et commencèrent à monter, donnant l'assaut contre le boulevard sans rencontrer la moindre résistance. » Jeanne va voir tomber dans la Loire et se noyer celui qu'elle appelle Classidas, William Glasdale, qui commande l'armée du siège. « Émue de pitié, elle commença à pleurer beaucoup sur l'âme de ce Classidas et des autres qui étaient là, noyés, en grand nombre et ce jour-là tous les Anglais qui étaient au-delà du pont furent pris ou tués. »

Au soir de ce samedi 7 mai 1429, les Français purent regagner la cité par le pont, ce pont qui les reliait au terroir de France et au roi légitime. Il avait été en partie écroulé et l'on dut parer, avec force planches et étais, aux brèches qu'il présentait ; mais la partie était gagnée, les Tourelles prises. « Tout le clergé et le peuple d'Orléans chantèrent dévotement le *Te Deum* et firent sonner toutes les cloches de la cité, remerciant très humblement Notre Seigneur pour cette glorieuse consolation divine. » Jeanne, revenue dans la cité d'Orléans, fut conduite à son logement où fut soignée sa blessure. La ville était bel et bien « désassiégée ».

Il y eut pourtant encore quelques émotions le lendemain : ce que nous appellerions un suspense, qui dura une bonne heure. En effet, sortant des diverses bastides, les restes de l'armée anglaise se rangèrent en bataille, faisant face aux remparts de la cité. Jeanne et les capitaines s'empressèrent d'aligner également leurs troupes. « Et en tel point furent très près l'un de l'autre l'espace d'une heure entière sans se toucher, ce que les Français souffrirent de très mauvais gré, obéissant au vouloir de la Pucelle qui leur commanda et défendit dès le commencement que, pour l'amour et honneur du saint Dimanche, ils ne commencent point la bataille, ni ne fassent assaut aux Anglais. Mais si les Anglais les assaillaient, qu'ils se défendissent fort et hardiment et qu'ils n'eussent aucune peur et qu'ils seraient les maîtres. » Ainsi s'exprime l'auteur anonyme du *Journal du siège d'Orléans*. Mais non ; les Anglais allaient tourner le dos à la cité et s'en aller dans la direction de Meungsur-Loire, non sans abandonner sur place un certain nombre de bombardes et autres artilleries, dont s'emparèrent quelques poursuivants contrevenant d'ailleurs aux ordres de Jeanne. Elle-même avec les seigneurs et la masse des gens d'armes, du clergé et du peuple, se rendit à la cathédrale et « tous ensemble rendirent humbles grâces à Notre Seigneur et louanges très méritées pour les très grands secours et victoires qu'Il leur avait donnés et envoyés contre les Anglais, anciens ennemis du royaume ». On sait que cette procession du 8 mai s'est renouvelée chaque année à travers les temps, la population d'Orléans demeurant fidèle dans sa reconnaissance à celle qui lui avait procuré l'inestimable bien de la libération.

Quant à Jeanne, elle avait fourni le signe qu'on lui demandait. Les docteurs de Poitiers auxquels elle avait répondu : « Menez-moi à Orléans, je vous montrerai le signe pour lequel j'ai été envoyée », pouvaient eux aussi être satisfaits. Mais, au-delà de l'extraordinaire victoire qui pour elle n'est qu'un « signe », elle doit pour accomplir sa mission faire sacrer le roi à Reims. Aussi bien ne s'attarde-t-elle aucunement à Orléans. Dès le lendemain, 9 mai, elle s'empresse de se rendre avec le Bâtard et les autres capitaines au château de Loches où était le roi.

La seule effigie de Jeanne d'Arc exécutée de son vivant par le greffier Clément de Fauquemberque, dans la marge du Registre du Parlement de Paris contenant l'annonce de la libération d'Orléans (Arch. Nat. X 1 A 1481).

4. Vous serez lieutenant du Roi des Cieux qui est roi de France

Jeanne d'Arc avait inventé la guerre éclair. Aussi bien la levée du siège d'Orléans, si rapide, si inattendue, a-t-elle trouvé écho dans tout le monde connu depuis la haute littérature si l'on songe au poète Alain Chartier, jusqu'aux missives des marchands italiens, attentifs à renseigner leurs maisons mères sur les combats à venir. On trouve même un récit détaillé de son entrevue avec le dauphin à Loches dans une chronique allemande contemporaine que rédigeait le trésorier de l'empereur Sigismond, nommé Eberhard de Windecken. On semble avoir suivi avec beaucoup d'intérêt outre-Rhin tout ce qui se passait en France à l'époque.

Mais Jeanne devait se douter qu'en ce qui la concernait, la partie n'était pas gagnée puisqu'il lui fallait vaincre les hésitations royales, les mauvais conseillers, tout ce qu'elle sentait d'intrigues, voire de dispositions à la trahison.

Les journées et les nuits qui passèrent après ce 8 mai ont dû paraître longues à son impatience. Le Bâtard d'Orléans a été lui-même témoin d'un entretien qui en dit long sur l'état d'esprit de Jeanne : « Je me souviens bien, dit-il, que quand le roi était au château de Loches, j'allai avec la Pucelle après la levée du siège d'Orléans et tandis que le roi était dans sa chambre dans laquelle étaient avec lui le seigneur Christophe de Harcourt, l'évêque de Castres, confesseur du roi (Gérard Machet) et le seigneur de Trèves qui fut autrement chancelier de France (Robert Le Maçon), la Pucelle, avant d'entrer dans la chambre, frappa à la porte et, sitôt entrée, se mit à genoux et embrassa les jambes du roi, disant ces paroles ou d'autres semblables : ''Noble dauphin, ne tenez plus tant et si longuement conseil, mais venez le plus tôt possible à Reims pour recevoir une digne couronne.'' » Suit une scène au cours de laquelle le roi et ses familiers se font en quelque sorte expliquer les « voix », le « conseil » auxquels Jeanne se réfère. Elle semble s'y prêter volontiers et raconte comment « sa prière faite à Dieu, elle entendait une voix qui lui disait : ''Fille-Dieu, va, va, va, je serai à ton aide, va.'' Et quand elle entendait cette voix, elle ressentait une grande joie et désirait être toujours en cet état [...] Et en répétant ainsi les paroles de ses voix, elle-même exultait de merveilleuse façon, levant ses yeux vers le ciel ».

Ce qui pouvait en tout cas l'encourager, c'est l'enthousiasme que manifestaient eux aussi les hommes d'armes disposés à joindre l'armée royale. Un écuyer, dont il a déjà été question, Gobert Thibault, raconte : « Jeanne fit rassembler des gens d'armes entre la ville de Troyes et celle d'Auxerre et il s'en trouva beaucoup, car tous la suivaient. » On ne peut passer sous silence le renfort qui lui vient alors de Bretagne, pays de Duguesclin, où son souvenir reste très vivant, et dont témoigne la lettre écrite à sa mère par Guy de Laval; tout frémissant d'enthousiasme, il raconte comme il a été très bien reçu par le roi et comment il a vu la Pucelle qui « fit très bonne chère (bon accueil) à mon frère et à moi ». L'entrevue a eu lieu à Selles-en-Berry. « On dit ici, affirme sa lettre, que monseigneur le connétable (c'est Arthur de Richemont : il en sera à nouveau question plus loin) vient aussi avec six cents hommes d'armes et quatre cents hommes de trait [...] Et que le roi n'eut jamais si grande compagnie que l'on espérait ici et jamais gens n'allèrent de meilleure volonté à la besogne qu'ils vont à celle-ci. »

Son ailleule, Anne de Laval, qui a été l'épouse de Bertrand Duguesclin, est encore en vie. On apprend d'ailleurs à l'occasion de cette lettre que Jeanne la Pucelle lui a fait envoyer « un bien petit anneau d'or » — cadeau attestant la renommée qui persiste des victoires de jadis, en ce temps où l'espoir s'est si incroyablement renouvelé autour du roi de France.

Cependant le départ pour Reims n'aura pas lieu aussitôt que Jeanne l'eût souhaité : il était évident que du point de vue stratégique on ne pouvait aventurer au-delà de la Loire une armée que les forces anglaises eussent pu prendre à revers. Les capitaines au service du roi et la Pucelle avec eux, ainsi qu'un prince de sang, Jean, duc d'Alençon, vont donc entreprendre une campagne de « nettoyage » sur Beaugency et Jargeau. Alençon avait dû achever de payer sa rançon, puisqu'il a pu y prendre part alors qu'il n'a pas participé au siège d'Orléans. C'est lui qui va diriger les opérations. Aux forces anglaises regroupées s'ajoutera une autre armée dont le duc de Bedford, « régent de France », qui réside alors à Paris, donnera le commandement à Falstaff.

Le premier assaut français est donné contre Jargeau, pris le 10 juin. Un renfort inattendu parvient aux armées françaises, celui d'Arthur de Richemont avec ses hommes. Connétable de France, il est alors en disgrâce. Alençon songe un instant à lui interdire de prendre part à la bataille ou à se retirer lui-même. « Alors Jeanne me dit qu'il était besoin de s'aider. » Son entrevue avec le nouvel arrivant mérite d'ailleurs d'être racontée, telle que le chroniqueur Guillaume Gruel qui était présent en a fait le récit. Richemont s'adresse à la Pucelle : « Jeanne, on m'a dit que vous me voulez combattre. Je ne sais si vous êtes de par Dieu ou non. Si vous êtes de par Dieu, je ne vous crains en rien, car Dieu sait mon bon vouloir. Si vous êtes de par le diable, je vous crains encore moins. » Et Jeanne lui aurait répondu : « Ah, beau connétable, vous n'êtes pas venu de par moi, mais parce que vous êtes venu, vous serez le bienvenu. »

Or, une fois de plus, on se trouve à la veille d'un combat décisif. Les Anglais arrivent « en très belle ordonnance », comme dit le chroniqueur Jean, Bâtard de Wavrin, qui se trouvait dans leurs rangs. Voyant les Français retranchés vers « une petite montagnette », du côté de Beaugency, ils leur dépêchent deux hérauts qui s'entendent répondre de la part de Jeanne la Pucelle : « Aller vous loger pour aujourd'hui, car il est assez tard ; mais demain, au plaisir de Dieu et de Notre Dame, nous vous verrons de plus près. » Ils restent donc la nuit du 17 juin 1429 sur leurs positions respectives. Selon Jean de Wavrin, qui a raconté chaque phase de cette journée du 18 juin, l'armée anglaise en trois corps « chevauchait en belle ordonnance vers Patay ». Les seigneurs sont alors avertis « par les coureurs de leur arrière-garde » qu'ils avaient vu venir beaucoup de gens après eux, qu'ils pensaient être français. Alors, pour en savoir la vérité, « les seigneurs anglais envoyèrent chevaucher certains de leurs gens qui aussitôt retournèrent et firent relation que les Français venaient après eux rapidement ». Ils se rangent aussitôt en bataille « tout au long des haies qui étaient près de Patay ». Talbot qui dirige la principale « bataille », celle de l'avant-garde, fait choix d'un étroit passage, « entre deux fortes haies par où il convenait que les Français passent ».

Effectivement, l'armée des Français est en route : « Raidement venaient les Français après leurs ennemis qu'ils ne pouvaient pas encore voir, ni ne savaient le lieu où ils étaient. Lorsque d'aventure les avant-coureurs virent un cerf partir hors des bois, qui pris son chemin vers Patay et s'en alla se jeter parmi la bataille des Anglais où il s'éleva un haut cri, car ils ne savaient pas que leurs ennemis fussent si près d'eux. Entendant ce cri, les coureurs français furent rendus certains que là étaient les Anglais et aussitôt les virent après tout pleinement. Ils envoyèrent quelques compagnons annoncer à leurs capitaines ce qu'ils avaient vu et trouvé, leur faisant savoir qu'ils chevauchent avant par bonne ordonnance et qu'il était heure de besogner. Eux, promptement, se préparèrent en tous points et chevauchèrent tant qu'ils virent tout à plein les Anglais. »

Ces derniers se hâtent pour rejoindre leur avant-garde et commettent une erreur : « Messire Jean Falstaff chevauchant vers l'avant-garde pour se joindre à eux, ceux de l'avant-garde crurent que tout était perdu et que les batailles s'enfuyaient. Aussi le capitaine de l'avant-garde, tenant pour vérité qu'il en était ainsi, avec son étendard blanc, lui et ses gens prirent fuite et abandonnèrent la haie. Donc messire Jean Falstaff, voyant le danger de la fuite, connaissant que tout allait très mal, eut l'idée de se sauver, et il lui fut dit en ma présence qu'il prît garde à sa personne, car la bataille était perdue pour eux. Et avant qu'il fût parti, les Français avaient jeté à terre le seigneur de Talbot, l'avaient fait prisonnier, et tous ses gens étaient morts, et étaient déjà les Français si avant en la bataille, qu'ils pouvaient à leur volonté prendre ou tuer ce que bon leur semblait. Et finalement, les Anglais y furent déconfits à peu de pertes des Français... » Falstaff allait se diriger sur Étampes, et Wavrin qui appartenait à sa compagnie le suivit. Cette fuite allait être d'ailleurs sévèrement jugée et Falstaff en perdit l'insigne de l'ordre de la Jarretière auquel il appartenait et qui ne devait lui être rendu que beaucoup plus tard. Quant à Talbot, il fut fait prisonnier par Jeanne elle-même.

Victoire inattendue et décisive que celle de Patay, ce 18 juin 1429. Il n'y avait eu que trois morts du côté français, quelque deux mille chez les Anglais : la véritable revanche d'Azincourt. Quelque temps, une panique s'empara des Parisiens qui « renforcèrent le guet et firent fortifier les murs, y mettant quantité de canons et autres artilleries ».

Rien ne s'opposait plus désormais à ce que

l'armée française, sans cesse augmentée de nouvelles recrues, prît cette fois le chemin de Reims. Le roi pourtant, après avoir rassemblé ses troupes à Gien, y restera jusqu'au 29 juin. Dix jours insupportables à l'impatience de la Pucelle qui « fut fort marrie, comme le raconte le chroniqueur du duc d'Alençon, Perceval de Cagny, du long séjour qu'il avait fait en ce lieu... et par dépit, se délogea et alla loger aux champs deux jours avant le départ du roi ».

En fait, on peut comprendre les hésitations royales, car pour gagner Reims il fallait traverser la Bourgogne. Sur la route, les noms des étapes sonnaient de façon inquiétante : Auxerre, Troyes, Châlons ; c'était à Troyes que Charles avait été écarté de la couronne au profit de l'héritier de Henri V d'Angleterre ; dans chaque ville, en même temps que les Bourguignons, devait probablement se trouver une garnison anglaise. En fait, personne ne se doutait de la facilité avec laquelle s'accomplirait ce voyage, sinon Jeanne qui, elle, en était sûre. Rien de plus significatif que le ton de la lettre qu'elle envoie aux habitants de Troyes, une fois parvenue à la localité de Saint-Phal, à quelque vingt-deux kilomètres : « Loyaux Français, venez au devant du roi Charles et qu'il n'y ait point de fautes et ne vous doutez [ne craignîez pas] pour vos corps, ni vos biens, si ainsi faites ; et si ainsi ne le faites, je vous promets et certifie sur vos vies, que nous entrerons à l'aide de Dieu en toutes les villes qui doivent être du Saint-Royaume et y ferons bonne paix ferme, qui que vienne contre. A Dieu vous recommande, Dieu soit garde de vous s'il lui plaît. Réponse brièvement. »

Dans les faits, rien n'autorisait cette sûreté de langage. Les habitants d'Auxerre n'avaient pas laissé l'armée pénétrer dans leurs murs, se contentant de lui fournir des vivres, ceux de Troyes paraissaient encore moins disposés à la prompte obéissance que Jeanne réclamait. Ils envoyèrent d'abord frère Richard, prédicateur fameux, qui s'était muni d'eau bénite et à qui Jeanne se contenta de dire en le voyant de loin tracer des signes de croix : « Approchez hardiment, je ne m'envolerai pas ! » A l'intérieur de la cité, on craignait des représailles et l'on redoutait aussi l'attitude de la garnison laissée par le duc de Bourgogne. Dans l'entourage de Charles, la division régnait et c'est Jeanne, faisant irruption au conseil, qui décida des événements :

« Noble dauphin, ordonnez que vos gens viennent et assiègent la ville de Troyes et ne traînez plus en longs conseils, car en nom Dieu, avant trois jours, je vous introduirai dans la cité de Troyes, par amour ou par force ou par courage, et la fausse Bourgogne en sera toute stupéfaite. » Elle prit effectivement des dispositions comme si un siège allait suivre, fit combler les fossés à l'aide de fagots et ranger ses gens comme à l'attaque ; sur quoi les habitants, épouvantés par le précédent du siège d'Orléans, s'empressèrent de négocier par l'entremise de l'évêque de Troyes, Jean Léguisé. Celui-ci, gagné personnellement à la cause française, assistait le lendemain à l'entrée du roi dans la cité rendue fameuse par le traité de 1420. Charles y fut reçu en grande pompe, ainsi que Jeanne portant son étendard.

Restait Châlons, où, le 14 juillet, au moment même où le héraut royal nommé Montjoie se présentait, l'évêque de Châlons, Jean de Montbéliard, venait remettre à Charles VII les clés de la ville. Quant à Reims, quelques partisans dévoués du roi d'Angleterre, comprenant ce qui allait se passer, en étaient sortis hâtivement; parmi eux, certain évêque de Beauvais nommé Pierre Cauchon.

A Châlons et sur le chemin de Reims, Jeanne allait avoir une rencontre émouvante : celle de ses parents, Jacques et Isabelle, entourés de plusieurs gens de Domrémy, dont son parrain Jean Moreau. Il était habituel de voir les populations se transporter ainsi lorsqu'était prévue une cérémonie, surtout dans le cas d'un couronnement, mais on ne pouvait guère s'étonner cette fois-là que des habitants de la lointaine cité barroise de Domrémy aient voulu y trouver place. Jeanne eut le temps de faire à l'un d'eux une confidence : « Elle disait qu'elle ne craignait rien si ce n'est la trahison », racontera plus tard Gérardin d'Épinal. Le soir de ce 16 juillet, Charles faisait une entrée déjà royale

Jeanne d'Arc fait sacrer le roi Charles VII dans la cathédrale de Reims. (Dans *Histoire de France* imprimée à Épinal, XIXe siècle.)

dans la cité rémoise, les habitants crient « Noël ! Noël ! » autour de lui.

Le sacre eut lieu dès le lendemain, dimanche 17 juillet. Jeanne devait être très proche de l'estrade, qu'en toute hâte, pour de semblables occasions, on dressait près de l'autel, puisque la question suivante lui fut posée plus tard, non sans perfidie : « Pourquoi votre étendard fut-il davantage porté en l'église de Reims à la consécration du roi que ceux des autres capitaines ? » A quoi Jeanne fera la réponse demeurée fameuse : « Il avait été à la peine, c'était bien raison qu'il fût à l'honneur. » Désormais, Charles VII allait être pour elle non plus seulement le dauphin, mais le roi.

Une ombre au tableau : Jeanne avait écrit une lettre au duc de Bourgogne, Philippe le Bon, pour qu'il vienne tenir sa place à ce couronnement avec les autres pairs du royaume; il n'avait pas répondu. Elle lui écrit à nouveau le jour du sacre, lui demandant : « de par le Roi du Ciel [...] que le roi de France et vous fassiez bonne paix ferme qui dure longtemps. Pardonnez l'un à l'autre de bon cœur entièrement, ainsi que doivent faire loyaux chrétiens », insiste-t-elle.

Mais ce même jour, en secret, le roi Charles VII signait avec les envoyés du duc de Bourgogne la promesse d'une trêve... de quinze jours! En échange de laquelle le duc promettait de lui livrer Paris. Pour lui comme pour Bedford, il s'agissait de gagner du temps, car une armée de trois mille cinq cents cavaliers et archers débarquait d'Angleterre à Calais et prenait la direction de Paris.

5. *Un an, guère plus*

A Gien, où il est de retour le 21 septembre 1429, Charles, désormais le roi de France Charles VII, donne l'ordre de dissoudre la belle armée du sacre. Pour Jeanne, ce dut être une douloureuse déception. Mieux que personne, elle mesurait tout ce qu'auraient pu accomplir ces hommes désormais gagnés à son enthousiasme et confiants dans le succès après les étonnantes victoires des mois précédents. Nous savons par les chroniqueurs du temps que plusieurs plans furent proposés : le duc d'Alençon insistait pour se porter sur la Normandie avec Jeanne. Le roi refusa ; il entendait désormais suivre *sa* propre politique. Le sacre le rendait sûr de lui et sa politique était dominée par un souhait qui prenait force d'obsession : se réconcilier avec le duc de Bourgogne, Philippe le Bon. Pour obtenir cette réconciliation, il ne croyait qu'aux trêves et aux concessions. Le duc en était parfaitement conscient et ne songeait, lui, qu'à l'amuser en gagnant du temps et en se faisant octroyer, tant par les Anglais que par les Français entre lesquels il occupait une position d'arbitre, tous les avantages possibles. Pour commencer, il avait exigé du roi Charles les places de l'Oise, Compiègne entre autres, qui constituaient pour ses états personnels une frontière fort appréciable. Autour du roi s'agitaient les conseillers qui, tel Georges de La Trémoille, préféraient l'inaction aux hasards de la guerre... Et cependant, les ennemis de Jeanne, eux, échafaudaient leur plan de vengeance.

Lorsqu'on lit, en effet, certains mémoires du temps, comme le *Journal d'un bourgeois de Paris,* tenu au jour le jour par un clerc de l'université, on comprend l'inquiétude et la fureur qui régnaient dans les milieux favorables au duc de Bourgogne et à l'occupant anglais. L'université de Paris, comblée de faveurs et de bénéfices par l'occupant après avoir été toute dévouée au duc de Bourgogne, ressentait comme un véritable camouflet les victoires de Jeanne. Parmi eux, l'ancien recteur, Pierre Cauchon, qui avait personnellement pris part aux émeutes de l'an 1413, dirigées contre la reine de France, Isabeau, et par la suite avait été l'un des principaux négociateurs du traité de Troyes, avait élaboré tout un projet politique pour enlever le pouvoir à une dynastie qu'il trouvait dépassée et incapable, et fonder un ordre nouveau que sa cervelle d'universitaire jugeait plus conforme à l'avenir du royaume : la France et l'Angleterre formeraient désormais une double monarchie sous l'égide des vainqueurs du jour, les Lancastre, usurpateurs heureux, qui avaient prouvé sur le champ de bataille d'Azincourt leur force militaire.

On se trouve là sans doute devant la première de ces idéologies sorties des élucubrations d'intellectuels et qui n'ont pas cessé depuis de se succéder les unes aux autres jusqu'à aboutir, en notre XXe siècle, aux désastres humains et économiques que nous connaissons : les idéologies qui entraînent inévitablement leur cortège de victimes au premier rang desquelles il faut placer ceux qu'a abusés leur propagande.

Au XVe siècle déjà, peu de temps avant la naissance de Jeanne, une femme poète et historienne, Christine de Pisan, a dénoncé énergiquement ce qu'elle appelle « Dame Opinion » — la propagande à laquelle se livrent, pour répandre leurs idées, les intellectuels faiseurs de systèmes ; elle l'accuse de tous les « rébellions, débats, commotions et batailles » qui agitent les hommes d'un même pays et « les fait devenir comme ennemis ». En fait, au temps où elle écrivait, la France commençait — c'était au début du XVe siècle — à se trouver coupée en deux, entre partisans du duc de Bourgogne et ceux de la dynastie légitime, et la suite des événements n'allait qu'aggraver cette coupure profonde entre deux partis opposés. La plupart des universitaires, on l'a vu, avaient pris fait et cause pour le duc de Bourgogne, Jean sans Peur, puis Philippe le Bon. C'est à la faveur de ces dissensions internes que Henri V de Lancastre avait fait irruption sur le sol de France, espérant par ses victoires assurer à la fois l'avenir de sa dynastie et remplir les coffres du royaume. Ceux qui, au sein de l'université parisienne, avaient ce que nous appellerions « une âme de résistant », un Jean Gerson entre autres, s'étaient alors enfuis et avaient rallié Poitiers, non sans se faire radier des cadres de l'université de Paris.

Pierre Cauchon pouvait donc considérer, au lendemain du traité de Troyes (20 mai 1420), que son idéologie personnelle, la double monarchie, deux couronnes — France et Angleterre — sur une même tête, celle du roi d'Angleterre, se réalisait pleinement ; indifférent aux droits légitimes, uniquement attentif à l'ordre politique qu'il établissait, il donnait ainsi satisfaction aux vainqueurs du jour, Bourgogne et Angleterre, et c'est à cette occasion qu'il s'était vu octroyer l'évêché de Beauvais en récompense de ses bons services. Certes, deux ans plus tard, la mort du roi Henri V était un coup porté au système élaboré, mais déjà était né le futur Henri VI destiné à être « roi de France et d'Angleterre », tandis que, deux mois après Henri V, mourait aussi le roi Charles VI qu'on avait appelé « le Bien-aimé » et qui désormais était « Charles le Fol ». Quant à son fils, écarté du règne par le traité de Troyes, il ne paraissait guère redoutable.

On imagine avec quelle stupeur le même Pierre Cauchon et ses acolytes de l'université de Paris avaient vu tout à coup leur idéologie menacée ; et par qui ? Par une femme — comble de fureur, car, depuis sa création au début du XIIIe siècle, jamais l'université de Paris n'avait ouvert sa porte aux femmes — et qui plus est une petite paysanne d'obscure origine, qui ne savait ni A ni B, selon sa propre expression.

En arrivant à Chinon, Jeanne avait déclaré : « Je durerai un an, guère plus » et elle avertissait qu'il serait nécessaire de « bien œuvrer » pendant ce temps. Or, contrairement à ce souhait, elle se voyait désormais réduite à l'inaction et cela par l'ordre de ce même roi qu'elle avait fait sacrer et couronner. On imagine son exaspération. De toute évidence — l'entourage du roi en était conscient — il fallait l'occuper. C'est probablement La Trémoille qui, après un séjour de Jeanne à Bourges qui dura quelque trois semaines, eut l'idée de l'utiliser comme on le faisait de n'importe quel chef de bande : précisément contre les autres chefs de bande, ceux qui, après avoir opéré au profit du roi, n'avaient plus songé qu'à leur profit personnel. L'un d'entre eux, Perrinet Gressart, qui s'était retranché à La Charité-sur-Loire, d'où il lançait des raids de temps à autre, avait précisément fait prisonnier La Trémoille durant quelque temps et ne l'avait relâché que contre une rançon de quatorze mille écus. Pourquoi ne pas envoyer Jeanne contre cet impudent personnage ?

Elle alla en effet faire le siège d'une première place appartenant à Perrinet Gressart, Saint-Pierre-Le-Moûtier. La ville fut prise au mois de novembre 1429. Puis Jeanne se dirigea, avec son armée, contre La Charité-sur-Loire. Mais là, ce fut un échec : « parce que le roi ne fit finance de lui envoyer vivres ni argent pour entretenir sa compagnie », écrit un témoin du temps, Perceval de Cagny. Jeanne dut lever le siège. Elle ramena les débris de son armée à Jargeau et là, en manière de consolation, le roi Charles VII lui octroya des lettres de noblesse pour sa famille, ses parents, ses frères, en précisant qu'en considération du service rendu, la noblesse serait transmise en ligne féminine aussi bien que masculine (Philippe le Bel, au début du XIVe siècle, avait réservé la transmission de la noblesse à la ligne masculine, contrairement aux usages des temps précédents).

On imagine Jeanne assez indifférente à une distinction de ce genre. Sombre hiver pour elle, celui de l'année 1429-1430. Il semble qu'elle l'ait passé pour la plus grande partie au château de Sully-sur-Loire, appartenant à la famille de La Trémoille. Elle fut invitée à Orléans le 19 janvier à un banquet offert par la municipalité ; cela est attesté par les registres de la ville qui mentionnent aussi la présence de l'un de ses frères, Pierre, celui qui l'a suivie dans toutes ses batailles.

Quelqu'un pourtant célébrait aussi par des banquets et de fastueuses réjouissances sa puissance à son apogée : Philippe le Bon, duc de Bourgogne, qui épousa, le 8 janvier 1430, Isabelle de Portugal, et créa l'ordre de la Toison d'Or : un ordre de chevalerie comme on les aimait alors et qui réunissait les personnages que le souverain voulait honorer — prétexte à revêtir de splendides tenues et à figurer dans des festins bien arrosés. Philippe le Bon avait reçu du duc de Bedford le titre de lieutenant général du roi d'Angleterre pour le royaume de France. En même temps, le « régent » lui remettait les deux comtés de Champagne et Brie, à charge pour lui de les conquérir ; ces deux provinces permettaient au duc de Bourgogne d'arrondir ses états et en dépit des trêves qu'il renouvelait périodiquement avec le roi de France, il s'empressa d'envoyer en Champagne l'un de ses fidèles, le maréchal de Toulongeon, tout en exigeant que les villes de l'Oise, Roye, Montdidier, Compiègne, que lui avait promis le roi de France, lui soient remises sans délai.

C'est alors que le roi Charles VII commence à sentir que le cousin de Bourgogne décidément se moque de lui. Il réclame cette conférence de paix dont on agite devant lui le projet sans jamais la réunir, alors que partout se font sentir des mouvements de résistance, que les garnisons anglaises sont chassées de Melun et de Saint-Denis par le soulèvement des habitants et qu'à Paris une conjuration de grande envergure est malheureusement découverte et arrêtée à temps, moyennant six des conjurés exécutés et pendus aux Halles, sur la place publique, tandis que cent cinquante étaient arrêtés.

Ce n'est pourtant que le 6 mai 1430 que le roi se résignera à reconnaître son erreur et qu'une lettre écrite par l'entremise de son chancelier, Regnault de Chartres, avouera qu'il a été « amusé et déçu par trêves ou autrement » par Philippe de Bourgogne au moment même où celui-ci « s'est mis avec certaines puissances pour faire guerre à l'encontre de nous et de nos pays et loyaux sujets ».

Jeanne, elle, n'a pas attendu si longtemps pour entrer en action. Depuis près de deux mois déjà, elle a quitté presque en cachette le château de Sully emmenant avec elle une compagnie de deux cents Piémontais, sous la conduite d'un chef de routiers nommé Barthélémy Baretta ; elle s'en est allée combattre vers les places menacées, car elle sait depuis toujours qu'on n'aura la paix « qu'au bout de la lance ». Elle a auprès d'elle son frère, Pierre, et aussi son fidèle intendant, Jean d'Aulon ; mais plutôt que chef de guerre comme elle l'était lors du départ vers Orléans, elle n'est plus, semble-t-il, que chef de bande.

On suit sa trace à Melun où elle a dû être bien

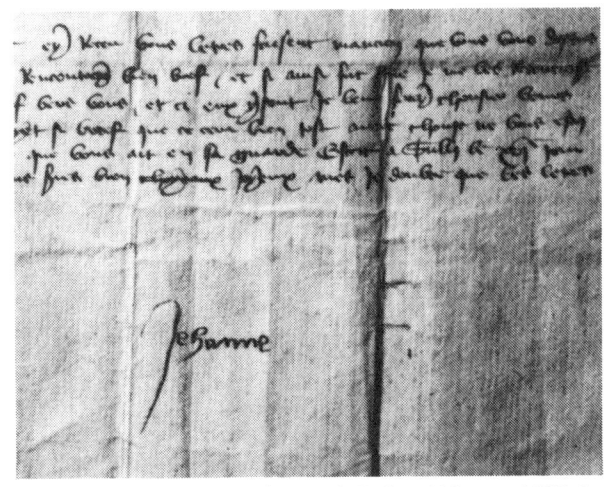

Lettre de Jeanne aux habitants de Reims (16 mars 1630) les exhortant à ne pas fléchir devant l'ennemi et à être « toujours bons et loyaux » (Archives de Reims).

accueillie par une population qui venait d'expulser sa garnison anglaise ; puis à Lagny. C'est dans cette petite ville que Jeanne est abordée par quelques personnes qui la supplient de venir dans une famille où un nouveau-né n'a plus donné signe de vie depuis trois jours. « Il était noir comme ma cotte », devait-elle plus tard dire en racontant l'incident. Elle se met en prière avec les jeunes filles qui sont venues la chercher et au bout de quelque temps l'enfant revient à la vie. Il bâille à trois reprises, il reçoit le baptême, puis il meurt devant des parents rassérénés qui pourront faire ensevelir en terre chrétienne leur petit bébé.

Jeanne est à Senlis le 24 avril, puis le 14 mai à Compiègne. Le gouverneur de la ville, Guillaume de Flavy, et les habitants, refusent d'ouvrir leur porte au duc de Bourgogne et celui-ci a commencé l'investissement de l'importante cité qui commande le cours de l'Oise. Il s'empare le 16 mai de la forteresse de Choisy-au-Bac, puis ses forces sont envoyées vers Margny et Clairoix, pour compléter le siège. Jeanne, qui a tenté avec ses hommes de prendre les troupes bourguignonnes à revers en passant l'Aisne en direction de Soissons, s'est vu refuser l'entrée dans cette ville. On ne sera pas étonné d'apprendre que quelques jours plus tard, son capitaine la vendait au duc de Bourgogne.

Après avoir passé par Crépy-en-Valois, Jeanne et sa petite armée arrivent, ayant cheminé de nuit à travers la forêt, « à heure secrète du matin », à Compiègne. Une opération se prépare contre la forteresse de Margny. Jeanne, selon son habitude, se portera en tête, mais la bataille tourne mal. Les troupes bourguignonnes, embusquées à Clairoix, donnent l'alarme aux autres dans les localités voisines, Venette et Coudun, où vient d'arriver le duc de Bourgogne en personne. Force est de se replier. Jeanne, comme elle le fait toujours en pareil cas, accourt vers l'arrière-garde, pour protéger la retraite. Au moment où les derniers combattants, au milieu desquels elle est, vont pénétrer dans l'enceinte, la porte est levée « et ainsi demeura la Pucelle enfermée dehors et peu de ses gens avec elle », écrit un contemporain, Perceval de Cagny.

A-t-elle été trahie par le personnage — d'assez mauvaise réputation — qui défendait la ville, Guillaume de Flavy ? On en a beaucoup discuté. Ce qui est certain, c'est que la porte d'enceinte a été fermée prématurément. Or il eût suffi aux défenseurs de se retrancher derrière la porte de la ville elle-même.

Un chroniqueur postérieur, Georges Chastellain, a magnifiquement décrit la dernière vision que l'on ait de Jeanne combattante : « La Pucelle, passant nature de femme [...] mit beaucoup de peine à sauver sa compagnie de perte, demeurant derrière comme un chef et comme la plus vaillante du troupeau [...] Un archer, raide homme et bien aigre, ayant grand dépit qu'une femme dont tant avait ouï parler serait rebouteresse [viendrait à bout] de tant de vaillants hommes [...] la prit de côté par sa huque de drap d'or et la tira de cheval, toute plate à terre. »

Cet archer, « raide homme et bien aigre », appartenait à la compagnie du Bâtard de Wandonne à qui Jeanne remit son épée. Lui-même était un lieutenant du bourguignon Jean de Luxembourg. Jeanne est donc prisonnière des Bourguignons. Le soir même, le duc de Bourgogne accourut de Coudun. « Il alla voir au logis où était la Pucelle et lui dit quelques paroles dont je ne me souviens pas très bien, bien que j'y aie été présent », écrit le fameux chroniqueur Enguerrand de Monstrelet, un Bourguignon de l'entourage immédiat du duc, Philippe le Bon. Curieusement, sa mémoire habituellement si fidèle semble alors lui faire défaut ! Il est probable que l'entrevue n'avait pas été à l'honneur du grand seigneur et qu'il préférait la taire...

C'était le 23 mai 1430.

Le premier volet de l'existence publique de Jeanne se ferme après une année chargée de victoires, mais fertile aussi en déceptions. Dorénavant s'ouvre une année noire. Jeanne est prisonnière ; et lorsqu'on pense à ce qu'a dû être pour cette fille de la campagne, habituée aux grands espaces et depuis peu aux longues chevauchées, à la vie la plus active, — on imagine la souffrance de tous les instants que pouvait être pour elle une vie de prisonnière, vouée à l'enfermement et à la solitude.

Plus tard, interrogée par ses juges, elle dira qu'elle savait ce qui allait lui arriver : « La semaine de Pâques dernièrement passée [c'était donc entre le 22 et le 29 avril si l'on se réfère à la date de Pâques de cette année 1430], alors que je me trouvais sur les fossés de Melun, il me fut dit par mes voix, c'est-à-dire les voix de saintes Catherine et Marguerite, que je serais prise avant qu'il fût la Saint-Jean, et qu'il fallait qu'il en fût ainsi et que je ne m'ébahisse pas [ne m'étonne pas], mais que je le prenne en gré et que Dieu m'aiderait. »

Prise de Jeanne à Compiègne (*Vigiles de Charles VII,* BN, ms. français 5054).

La Saint-Jean tombe le 24 juin. Jeanne a donc su qu'elle serait faite prisonnière un mois environ avant Compiègne. Elle-même dit à quel point elle a redouté l'événement : « J'avais demandé plusieurs fois à mes voix de savoir l'heure de ma capture, mais elles ne me la dirent pas », et de préciser : « Si j'avais su l'heure et que je doive être prise, je n'y serais point allée volontiers. Toutefois, ajoute-t-elle, j'aurais fait le commandement des voix quoi qu'il dût advenir. »

On l'imagine se débattant de toutes ses forces contre pareille extrémité.

Autour d'elle pourtant, on exulte. « Ceux du parti de Bourgogne et les Anglais furent très joyeux, plus que d'avoir pris cinq cents combattants, car ils ne craignaient et redoutaient ni capitaine, ni autre chef de guerre, tant qu'ils l'avaient fait de cette Pucelle. » Le Bâtard de Wandonne lui-même était, aux dires des témoins, « plus joyeux que s'il eût un roi entre ses mains ». Et cette même exultation perce à travers la lettre circulaire que Philippe le Bon envoie aux bonnes villes de ses états pour leur annoncer la prise de Jeanne : « Par le plaisir de notre béni Créateur, la femme appelée Pucelle a été prise, de laquelle prise sera connue l'erreur et la folle créance [croyance] de tous ceux qui aux faits de cette femme se sont rendus enclins et favorables. » Il ajoute qu'il rend hommage au Créateur pour cette capture, qui, espère-t-il, conduira « au bien de notre sire, le roi d'Angleterre et de France et au réconfort de ses bons et loyaux sujets... ».

Cette lettre de Philippe le Bon a été « criée » dans les rues de Paris par le héraut de service le 25 mai. Nous en avons le témoignage par le registre du Parlement qui en prend note lui aussi. Or, dès le 26 mai, donc le lendemain même, l'université de Paris écrivait au duc de Bourgogne, réclamant au nom de l'inquisiteur de France que Jeanne soit livrée « le plus tôt que sûrement et convenablement faire se pourra ». Les universitaires tiennent en effet à juger « ladite Jeanne soupçonnée véhémentement de plusieurs crimes sentant l'hérésie ».

Les dignes maîtres de l'université parisienne ne perdaient pas leur temps ! Il faut rappeler que dès l'année précédente, au mois de mai 1429, avant même que le roi eût été couronné, un clerc de l'université de Paris, demeuré anonyme, avait rédigé un libelle contre Jeanne, déclarant que celle qui avait libéré Orléans était probablement une hérétique : l'université ne considérait-elle pas qu'elle détenait « la clé de la chrétienté » ?

Aussitôt après sa capture, Jeanne est enfermée dans la forteresse de Clairoix ; puis, très tôt, sans doute dès le 26 mai, elle est conduite dans le château de Beaulieu-les-Fontaines qui appartient à Jean de Luxembourg. En même temps qu'elle, y furent transférés Jean d'Aulon et son frère Pierre qui avaient été eux aussi faits prisonniers.

Un épisode, peut-être touchant, est à signaler : Isabelle de Portugal qui se trouvait à Péronne demanda à son époux Philippe le Bon de voir la prisonnière. L'entretien eut lieu à Noyon dans le palais épiscopal, proche de la belle cathédrale, dont l'évêque, Jean de Mailly, était un « collaborateur » notable, l'un des proches de Pierre Cauchon. On pense que peut-être Isabelle, dont la réputation de douceur était notoire, intercéda pour que Jeanne soit transférée dans un lieu plus acceptable que le château de Beaulieu-les-Fontaines, qui appartenait au Bâtard de Wandonne et n'était fréquenté que par la soldatesque de son entourage. On fit choix pour elle du château de Beaurevoir, appartenant à Jean de Luxembourg, où résidaient son épouse, Jeanne de Béthune, sa tante Jeanne de Luxembourg, et aussi une autre Jeanne, Jeanne de Bar, fille du premier mariage de Jeanne de Béthune, devenue comtesse de Luxembourg. Peut-être la tentative d'évasion que fit Jeanne a-t-elle été motivée par la crainte de se voir emmenée plus loin vers le nord ; mais cette tentative échoua et Jeanne fut transférée à Beaurevoir, probablement dans la première quinzaine du mois de juin 1430.

Elle devait passer quatre mois dans ce château de Beaurevoir, dont ne restent aujourd'hui qu'une tour et quelques débris de murailles. Plus tard, au cours du procès, Jeanne d'Arc évoquera avec sympathie ces trois femmes, toutes trois nommées Jeanne, qui visiblement ont su oublier les divergences politiques et militaires pour ne voir en elle qu'une prisonnière méritant attention et réconfort. Elles sont même allées plus loin. Jeanne, au cours de son procès, déclare : « La dame de Luxembourg avait requis à monseigneur de Luxembourg que je ne fusse point livrée aux Anglais. »

La dame de Luxembourg, c'est la tante de Jean de Luxembourg, une personne âgée, « moult ancienne », comme dit un chroniqueur du temps. Elle avait trois neveux : Pierre, qui visiblement ne bénéficiait pas de ses bonnes grâces, Louis, évêque de Thérouanne et partisan résolu de la cause anglaise (c'est d'ailleurs en Angleterre qu'il mourra en 1443, nommé évêque d'Ely après avoir été archevêque de Rouen), et enfin Jean, qui est vassal de Philippe le Bon ; celui-ci l'a même nommé chevalier de la Toison d'Or. Il paraît avoir été quelque peu indécis vis-à-vis de l'occupant anglais, mais il lui était difficile d'aller contre le choix de son suzerain. Probablement a-t-il hésité avant de livrer Jeanne aux Anglais, sous l'influence de sa tante. Mais Jeanne de Luxembourg devait quitter Beaurevoir, comme elle le faisait chaque année, vers la fin du mois d'août. Elle se rendait toujours, en effet, sur la tombe de son frère, le saint cardinal Pierre de Luxembourg, mort en odeur de sainteté une quarantaine d'années auparavant et dont on vénérait la tombe en Avignon. Elle y arriva cette année-là assez fatiguée ; on la voit faire son testament le 10 septembre 1430 ; elle devait mourir huit jours plus tard.

Son neveu, Jean, héritait d'elle, mais non de ses sympathies envers la prisonnière de Beaurevoir. Il allait être d'ailleurs fort occupé par le siège de Compiègne qui lui avait été confié, mais tournait mal : le 24 octobre, il devait quitter la place et se replier sur Noyon ; quatre jours plus tard les petites places alentour se rendaient aux Français. Compiègne était libérée.

Jeanne, entre-temps, avait fait une seconde tentative d'évasion. Cette fois en sautant de la tour de Beaurevoir : elle avait attaché ses draps ensemble, mais ceux-ci se dénouèrent et elle fit dans les fossés de Beaurevoir une chute sérieuse : « Je fus blessée en ce saut tellement que je ne pouvais manger ni boire », devait-elle dire plus tard, en ajoutant que cela dura deux ou trois jours, après quoi sa forte constitution reprit le dessus[1].

Jeanne devait déclarer par la suite à ses juges que si elle avait décidé de risquer sa vie en sautant de la tour de Beaurevoir, c'est parce qu'elle était inquiète pour « ses bons amis de Compiègne » et que par la suite sainte Catherine lui avait affirmé que ceux-ci « auraient secours avant la fête de Saint-Martin-d'Hiver » (11 novembre).

Quelqu'un pourtant s'agitait beaucoup durant le même temps, l'ancien recteur de l'université de Paris, devenu évêque de Beauvais par la grâce du duc de Bourgogne, Pierre Cauchon. Au moment où Jeanne est faite prisonnière, il était à Calais auprès du duc de Bedford. Dès cet instant, des plans ont dû être faits au nom de l'université de Paris. Au mois de juin, il envoie des lettres à Philippe le Bon et à Jean de Luxembourg, touchant la prisonnière ; les conditions d'achat sont dès lors arrêtées : offrir six mille livres pour Jeanne et laisser entendre que l'enjeu monterait jusqu'à dix mille. L'auteur de la capture, Lionel de

---

[1]. C'est l'occasion de relever une autre erreur évidente dans le scénario du film de Pierre Moinot, où Jeanne se jette dans des fossés pleins d'eau pendant la nuit. Elle est sauvée et recueillie par des guetteurs pleins de courage ; mais par la suite, demeure secouée de toux, incoercible, jusqu'à la fin du film, comme si elle était en cette occasion devenue poitrinaire ! Est-ce pour produire un effet pathétique ? Il semblait pourtant fort inutile d'en « rajouter »...

Wandonne, recevrait une pension de trois cents livres. Après quoi, comme les réponses sont lentes à venir au gré de Cauchon qui craint sans doute qu'un geste pour la racheter ne soit fait par le roi de France, Charles VII (en quoi il présumait trop de la reconnaissance de ce dernier !) se rendit le 7 juillet à Compiègne et eut des entretiens successivement avec Jean de Luxembourg et le duc de Bourgogne lui-même. Par la suite, le même Pierre Cauchon recevra du trésorier général de Normandie pour l'occupant anglais, Pierre Surreau, une somme de sept cent soixante-cinq livres-tournois pour les cent cinquante-trois jours « où il a vaqué au service du roi, notre seigneur... pour le fait de Jeanne qu'on dit la Pucelle ».

Pierre Rocolle, à qui l'on doit une étude minutieuse et très complète de ces quelques mois[2], indique que, le 6 décembre, Jeanne est à Arras où les dix mille livres-tournois de sa rançon ont été versées à Jean de Luxembourg, toujours par Pierre Surreau. L'université de Paris avait écrit entre-temps à Pierre Cauchon, le 21 novembre, pour manifester son impatience : « Nous voyons avec un extrême étonnement l'envoi de cette femme vulgairement appelée la Pucelle se différer si longuement au préjudice de la foi et de la juridiction ecclésiastique. »

---

2. Voir son ouvrage : *Un prisonnier de guerre nommé Jeanne d'Arc,* Paris, Éditions SOS, 1981.

Jeanne accomplit alors la dernière de ses chevauchées, d'Arras au Crotoy, faisant étape très probablement au château de Lucheux, et près de l'abbaye de Saint-Riquier, au château de Drugy, où vinrent la voir deux religieux de cette abbaye dont l'abbé avait rejoint le parti anglo-bourguignon.

On sait comment Pierre Cauchon s'était fait désigner par le duc de Bedford comme juge de Jeanne, en même temps que le vice-inquisiteur de France. En fait, il ne pouvait siéger à Beauvais qui s'était alors rendue au roi de France, et ce n'est que par un artifice de procédure assez grossier que sa compétence fut reconnue : il aurait fallu, pour être valable, que Jeanne eût commis quelque délit d'hérésie sur le territoire du diocèse de Beauvais. Tout au plus, pouvait-on arguer de ce que sa capture avait eu lieu sur ce territoire... Quant au lieu-même du jugement, Bedford tenait à ce que ce soit la ville de Rouen, où la puissance anglaise était solidement installée depuis la date de 1418. Rouen lui paraissait plus sûr que Paris. Jeanne fut donc conduite, en barque probablement, jusqu'à Saint-Valéry-sur-Somme, puis suivant l'ancienne voie romaine, par Arques et Bosc-le-Hard. L'escorte qui la menait atteignit le château de Bouvreuil, qui dominait la cité de Rouen sans que l'on ait eu à y pénétrer. Il est probable que le cortège y parvint la veille de Noël 1430.

6. *Toute lumière ne vient pas que pour vous*

Le procès de Jeanne va donc se dérouler à Rouen, d'où, avant même l'arrivée de la prisonnière, Pierre Cauchon, qui pense à tout, a fait envoyer vers le pays barrois un agent chargé de rassembler sur elle, son enfance, sa famille, etc., tous les éléments désirables ; il en sera d'ailleurs fort déçu car ce délégué s'étant adjoint à Chaumont un notaire, Nicolas Bailly, ainsi qu'un clerc, Gérard Petit, a successivement visité Domrémy, Vaucouleurs et Toul, sans rien obtenir sur Jeanne d'Arc, « qu'il n'eût aimé trouver sur sa propre sœur ». Pas le plus petit chef d'accusation.

Et il en sera ainsi pour l'ensemble du procès : personne n'a employé la formule d'usage : « accusée, vous êtes soupçonnée d'avoir commis tel ou tel méfait ». Le juriste Pierre Tisset, qui a fait la dernière en date et la plus complète publication du procès de condamnation de Jeanne, l'a fortement fait remarquer : contre Jeanne, il n'y a pas de chef d'accusation ; les juges, entendons Pierre Cauchon, le vice-inquisiteur (absent la plupart du temps des séances d'interrogatoire) et les assesseurs — six d'entre eux ont été expressément délégués par l'université parisienne — comptent uniquement sur les réponses de l'accusée pour, sur ses paroles, l'accuser d'hérésie.

Le caractère frauduleux du procès apparaît dès la première séance, le mercredi 21 février 1431. Pierre Cauchon demande à Jeanne de prêter serment et il précise : « Nous vous interdisons de quitter sans notre permission les prisons qui vous sont assignées dans le château de Rouen, sous peine d'être convaincue du crime d'hérésie. » Jeanne riposte aussitôt : « Je n'accepte pas cette défense. Si je m'évadais, jamais personne ne pourrait me blâmer d'avoir enfreint ou violé ma foi. »

C'est mettre d'emblée, si l'on peut dire, le doigt sur la plaie, car Jeanne est traitée en prisonnière de guerre, enfermée en prison anglaise, gardée par des geôliers qui sont des hommes d'armes anglais. Or, Pierre Cauchon entend lui faire un procès d'hérésie comme le sont normalement les procès d'Inquisition. Mais les femmes interpellées par l'Inquisition étaient gardées dans les prisons de l'archevêché, et gardées par d'autres femmes. Il y a donc une fraude manifeste et le programme de Pierre Cauchon et des autres universitaires parisiens est clair : on tente de déconsidérer celle dont les victoires ont mis en péril l'idéologie instaurée par eux pour donner couleur de légalité aux deux couronnes que portera le roi d'Angleterre, étendant son pouvoir non seulement sur son propre royaume, mais sur celui qu'il croit avoir conquis. On sait d'ailleurs que les Anglais ne renonceront que très tardivement à ce titre de « roi de France et d'Angleterre », qu'aura porté successivement chacun de leurs souverains jusqu'au début du XXe siècle. Pour comble d'hypocrisie, il y a cette lettre du roi d'Angleterre (écrite en son nom par Bedford, puisque le petit roi Henri VI n'est encore âgé que de neuf ans), et qui précise, avant même que le procès soit ouvert : « C'est notre intention de ravoir et reprendre par-devers nous ladite Jeanne, s'il arrivait qu'elle ne fût pas convaincue ni atteinte des cas d'hérésie... touchant ou regardant notre foi. » Autrement dit, quelle qu'ait été l'issue du procès, si Pierre Cauchon et les universitaires parisiens ne parvenaient pas à leurs fins en la faisant condamner par un tribunal d'Église, le roi d'Angleterre entendait bien reprendre la prisonnière et la traiter comme il lui semblerait bon.

Il n'y avait donc pour Jeanne aucune échappatoire possible et elle le savait. Mais dès le début des interrogatoires aussi elle met en difficulté l'évêque de Beauvais qui lui demande de réciter le *Pater Noster*. « Écoutez-moi en confession, dit-elle, et je vous le dirai volontiers. » Ce qui revenait à rappeler à Pierre Cauchon sa qualité d'homme d'Église, de prêtre tenu par son état d'accorder au sacrement de pénitence la même importance que Jeanne lui attribuait. Bien entendu, Cauchon allait se retrancher derrière les règles des tribunaux d'Inquisition et refuser ce que lui demandait celle qu'il accusait et qu'il eût été bien obligé de reconnaître comme innocente s'il l'avait entendue dans le secret de la confession.

Désormais les séances d'interrogatoire allaient se succéder à raison de deux à trois fois par semaine. L'huissier, Jean Massieu, venait chercher Jeanne dans sa prison. Elle était alors déferrée pour se rendre avec lui dans l'une des salles du château où se trouvaient réunis les deux juges (mais le vice-inquisiteur, Jean Lemaître, dut être interpellé à plusieurs reprises pour s'y rendre et n'assista pas à toutes les séances) et les assesseurs, parfois très nombreux : une quarantaine en général ; ils composaient une sorte de jury et souvent Cauchon désignait l'un d'entre eux pour interroger Jeanne. Ainsi en fut-il de maître Jean Beaupère et d'un autre universitaire parisien nommé Jean de La Fontaine. Les questions et les réponses étaient, selon l'usage des procès d'Inquisition, enregistrées par un notaire ; celui qui avait été appelé pour le procès de Jeanne se nommait Guillaume Manchon. Il vivait encore lors des enquêtes du procès de réha-

Jeanne interrogée par Cauchon (BN, ms. latin 5969).

bilitation et a plusieurs fois déposé : « Durant le procès, dit-il, Jeanne fut harcelée de nombreuses et diverses interrogations et presque chaque jour avaient lieu des interrogatoires, le matin, qui duraient environ trois ou quatre heures et parfois de ce qu'avait dit Jeanne, on extrayait des questions difficiles et subtiles au sujet desquelles ils l'interrogeaient de nouveau après déjeuner, durant deux ou trois heures. » Il ajoute que dans les premiers temps, « il y eut grand tumulte [...] dans la chapelle du château de Rouen [où se tenaient les juges et assesseurs] et presque chaque parole de Jeanne était interrompue quand elle parlait de ses apparitions, car il y avait là certains secrétaires du roi d'Angleterre, deux ou trois, qui enregistraient comme ils le voulaient les dits et dépositions de Jeanne, omettant ses excuses et ce qui pouvait être à sa décharge. Je me suis donc plaint de cela, disant que, à moins qu'on introduise un autre ordre, je ne me chargerai plus de la tâche d'écrire en cette matière. A cause de cela, le lendemain, on changea d'endroit et l'on se réunit dans une tour du château, près de la grande cour. Et il y avait là deux Anglais pour garder la porte ». Aucune erreur possible donc sur le caractère politique de cette prisonnière de guerre qu'on prétend interroger pour cause d'hérésie. Le même Guillaume Manchon raconte comment on tenta d'extorquer à Jeanne des aveux de façon détournée, par exemple en déléguant auprès d'elle un nommé Nicolas Loiseleur, qui feignait d'être de son pays et qui plus est de son parti. « Et ce qu'elle lui disait en secret, il trouvait moyen de le faire venir à l'oreille des notaires »; le tout « pour trouver moyen de la prendre captieusement » — sans qu'elle puisse se douter des fraudes dont elle était l'objet.

A partir du samedi 10 mars, l'interrogatoire a parfois lieu dans la prison même de Jeanne, à huis clos. Mais de toutes les façons et quelles que soient les conditions des interrogatoires, jamais elle n'a eu d'avocat, ce qui était absolument contraire au règlement des procès d'Inquisition.

Il faut lire en entier le procès de condamnation pour mesurer à la fois l'acharnement des juges et assesseurs à tenter de la mettre en contradiction avec elle-même et la sagesse, la sérénité, parfois l'humour, qui caractérisent les réponses de Jeanne. Quelques-unes de ces réponses sont connues. Ainsi, celle fameuse sur l'état de grâce :

« Savez-vous si vous êtes en la grâce de Dieu ? lui demande Jean Beaupère.

— Jeanne : Si je n'y suis, Dieu m'y mette et si j'y suis, Dieu m'y garde. Je serais la plus dolente de tout le monde si je savais n'être pas en la grâce de Dieu ; et si j'étais en péché, je crois que la ''voix'' ne viendrait pas à moi, et je voudrais que chacun l'entende aussi bien que moi. »

Impossible d'évoquer avec plus de clarté et de simplicité cette voix qui l'assiste et à laquelle elle attribue entièrement ses faits et gestes. Or la question était très perfide, car si Jeanne s'était dit certaine d'être en la grâce de Dieu, on n'aurait pas manqué de lui rétorquer qu'elle se fiait à son propre jugement et non à celui de l'Église : c'était là un point délicat sur lequel les interrogatoires ne manquaient pas d'insister : les « voix » dont elle se réclame, n'est-ce pas à l'Église de décider si elles viennent ou non de Dieu ? Le point capital de l'interrogatoire est probablement ce jour où on lui demande :

« Croyez-vous que vous n'êtes pas soumise à l'Église de Dieu qui est sur terre, c'est-à-dire à notre seigneur le pape, aux cardinaux, archevêques, évêques et autres prélats de l'Église ? »

Et Jeanne de répondre :

« Oui, Notre Sire premier servi.

— Avez-vous commandement de vos voix de ne pas vous soumettre à l'Église militante qui est sur terre, ni à son jugement ?

— Je ne répondrai autre chose que je prenne en ma tête, mais ce que je réponds, c'est du commandement de mes voix : elles ne me commandent pas que je n'obéisse à l'Église, Dieu premier servi. »

Ainsi fait-elle le plus simplement du monde la distinction entre ce dont elle doit compte effectivement et les « voix » auxquelles elle se réfère pour toute son action.

Ces « voix » ont bien évidemment éveillé la suspicion des juges qui tentent de lui en faire préciser la nature.

« Que faisiez-vous hier matin quand la voix est venue à vous ? demande Jean Beaupère.

— Je dormais et la voix m'a réveillée.

— La voix vous a-t-elle réveillée en vous touchant le bras ?

— J'ai été éveillée par la voix sans toucher...

— Avez-vous remercié cette voix et vous êtes-vous mise à genoux ?

— Je l'ai remerciée en m'asseyant sur mon lit

et j'ai joint les mains... La voix m'a dit que je réponde hardiment... »

Le même Jean Beaupère tentera de la mettre en difficulté à propos de cette voix :

« Voyez-vous saint Michel et les anges corporellement et réellement ?

— Je les vois de mes yeux corporels aussi bien que je vous vois...

— Est-ce sainte Catherine et sainte Marguerite avec lesquelles vous parlez ?

— Je vous l'ai assez dit que ce sont sainte Catherine et sainte Marguerite, et croyez-moi si vous voulez ! »

Et Jeanne ajoutera peu après :

« J'aimerais mieux être tirée à quatre chevaux que d'être venue en France sans la permission de Dieu. »

Mais Jean Beaupère reprend, inlassable :

« En quelle figure était saint Michel quand il vous est apparu... Était-il nu ?

— Jeanne : Pensez-vous que Dieu n'ait pas de quoi le vêtir ?

— Avait-il des cheveux ?

— Jeanne : Pourquoi les lui aurait-on coupés ? »

Mais on peut supposer que Jean Beaupère, lui, était imperméable à l'humour. Il a reçu de Jeanne cette cinglante réponse :

« Quand vous voyez cette voix, dit-il, qui vient à vous, y a-t-il de la lumière ?

107

— Jeanne : Il y a beaucoup de lumière de toute part et cela convient bien. Toute lumière ne vient pas que pour vous. »

On a souvent voulu mettre en parallèle la foi des clercs, ceux qui sont instruits, qui ont étudié aux écoles, et la foi populaire. Ici, nous avons un magnifique dialogue entre des clercs qui en réalité sont pétris d'idéologie et une foi populaire qui précisément ne cherche pas autre chose que de s'exprimer dans sa vérité. Devant ces maîtres bardés de diplômes, convaincus de leur propre science et gonflés de leur supériorité, Jeanne nous donne l'étonnant spectacle d'une foi toute simple (« j'ai appris de ma mère *Pater Noster, Ave Maria, Credo* »), face à des intellectuels pour lesquels il était moins question de foi que de doctrine ou de droit canon.

7. Jésus

Il est difficile de résumer le procès de condamnation de Jeanne d'Arc, d'abord parce que la forme même des procès n'est pas continue : intentionnellement, ceux qui interrogent passent d'un événement à l'autre, d'une question à une demande étrangère à la première, afin de déconcerter l'accusé. Juges et assesseurs de Jeanne n'allaient pas manquer de se servir de ce procédé, d'ailleurs courant, pour tenter de mettre celle qu'ils interrogent en contradiction avec elle-même. Mais s'ils avaient cru avoir affaire à une simple petite paysanne obstinée, ils n'allaient pas tarder à se rendre compte que Jeanne était d'une tout autre étoffe. Nous avons sur ce point le témoignage du notaire même chargé d'enregistrer questions et réponses, Guillaume Manchon : « Souvent, devait-il dire par la suite, il y avait translation d'un interrogatoire à l'autre, en changeant la manière d'interroger. Et malgré ce changement, elle répondait prudemment et avait une très bonne mémoire. Car très souvent elle disait : « Je vous ai ailleurs répondu à ce sujet, ou : Je m'en rapporte au clerc, en me désignant... »

Un autre, qui n'a pas assisté au procès, mais traduit ce qu'on peut appeler la renommée publique, un nommé Pierre Daron, raconte : « J'ai entendu dire par quelques-uns durant ce procès que Jeanne faisait merveille dans ses réponses et qu'elle avait une mémoire admirable. Car une fois où on l'interrogeait sur une question à propos de laquelle elle avait déjà été interrogée huit jours plus tôt, elle répondit : ''J'ai déjà été interrogée tel jour...'' Bien que l'un des notaires lui dit qu'elle n'avait pas répondu, quelques-uns des assistants dirent que Jeanne disait vrai. On lut la réponse de ce jour et l'on trouva que Jeanne avait dit juste. Elle s'en égaya fort, disant à ce Boisguillaume (le clerc en question) que s'il se trompait une autre fois elle lui tirerait les oreilles... » Un médecin aussi, chargé de l'examiner, Jean Tiphaine, déclare : « Elle répondait très prudemment et sagement, avec une grande audace. »

Après l'instruction proprement dite, ce qu'on appelait le « procès d'office », commence à partir du lundi 26 mars le « procès ordinaire » ; c'est-à-dire que celui qui joue le rôle de promoteur, Jean d'Estivet, a rédigé un libelle en soixante-dix articles qui prétendent résumer les points sur lesquels les réponses de Jeanne prêtent à accusation. Certains de ces articles sont totalement mensongers, ainsi l'article cinquante-six qui déclare que « Jeanne s'est plusieurs fois vantée d'avoir deux conseillers qu'elle appelle ''conseillers de la fontaine'', qui vinrent à elle après qu'elle fut prise » ; ou encore un autre, l'article sept : « Jeanne eut parfois coutume de porter une mandragore dans son sein, espérant par ce moyen avoir une fortune prospère en richesse et choses temporelles... » Ces articles ont été lus à Jeanne et sur ces deux points le procès-verbal mentionne de sa part d'énergiques dénégations. « Cet article sur la mandragore, elle le nie tout à fait. » Ou encore : « Quant au conseiller de La Fontaine, elle ne sait ce que c'est. » De l'ensemble de ces articles commence à se dégager ce qui sera finalement le recours de Pierre Cauchon : le prétendu refus de soumission à l'Église militante dont on affecte de voir le symbole dans le fait qu'elle porte l'habit d'homme — cet habit d'homme qui peu à peu, au fil des jours, prend une importance totalement inattendue même au regard de la mentalité d'alors puisqu'à Vaucouleurs on avait trouvé tout naturel que Jeanne, pour chevaucher, revête un habit d'homme.

Il va sans dire qu'en revanche se trouvent complètement passées sous silence, dans ce libelle, certaines des confidences que fait Jeanne sur ses rapports avec ce monde invisible et pour elle si familier : autrement dit sur sa vie mystique. Ainsi lorsqu'on lui demande, non sans perfidie, ce que ses voix lui disent sur sa destinée finale, elle répond : « Sainte Catherine m'a dit que j'aurai secours ; et je ne sais si ce sera en étant délivrée de prison, ou quand je serai en jugement, s'il survenait un trouble par le moyen duquel je pourrais être délivrée, et je crois que ce sera l'un ou l'autre. Mais le plus souvent, me disent mes voix que je serai délivrée par grande victoire ; et ensuite me disent mes voix : ''Prends tout en gré, ne te chaille de ton martyre, tu t'en viendras enfin au royaume de paradis'', et cela mes voix me le disent simplement et absolument, c'est à savoir sans faillir [sans faute]. J'appelle cela martyre, ajoute-t-elle, pour la peine et adversité que je souffre en prison, et ne sais si j'en souffrirai de plus grandes, mais m'en rapporte en tout à Notre Seigneur. »

Ou encore, lors d'un interrogatoire que fait l'universitaire Jean de La Fontaine, les réponses se suivent avec un accent d'inébranlable espérance :

« Êtes-vous assurée d'être sauvée ? demande l'assesseur.

— Je crois fermement ce que mes voix m'ont dit, à savoir que je serai sauvée, aussi fermement que si j'y étais déjà.

— Après cette révélation, croyez-vous que vous ne puissiez pécher mortellement ?

— Je n'en sais rien, mais du tout je m'en rapporte à Dieu.

— Cette réponse est de grand poids.

— Aussi je la tiens pour un grand trésor. »

Il est à noter que ce Jean de La Fontaine, après cet interrogatoire, ne comparaît plus qu'une seule fois au procès et prend le parti de quitter Rouen après avoir essayé de prêter conseil à Jeanne.

Celle-ci a même, avec une absolue simplicité, révélé aux juges sa prière : « Très doux Dieu, en l'honneur de Votre Sainte Passion, je vous requiers, si vous m'aimez, que vous me révéliez comment je dois répondre à ces gens d'Église. Je sais bien, quant à l'habit, le commandement comment je l'ai pris ; mais je ne sais point par quelle manière je le dois laisser. Pour ce, plaise Vous me l'enseigner. » Cette prière, le notaire chargé de la transcrire l'a écrite en français dans le texte du procès, telle que Jeanne l'a dite.

Le temps, cependant, s'écoulait. Au moment de Pâques qui tombait cette année-là le 1er avril, Jeanne ne fut pas autorisée à entendre la messe. Il y eut alors quelque temps employé aux délibérations, en particulier, entre le 2 et le 7 avril, les juges et assesseurs allaient rédiger des extraits du libelle de d'Estivet, douze articles qui devaient servir, selon les usages de l'Inquisition, à être envoyés à des prélats ou théologiens pour les consulter sur le contenu hérétique ou non des paroles de l'accusée, d'après le résumé qui en avait été ainsi fait. Les docteurs consultés furent bien entendu les principaux délégués de l'université de Paris, et aussi deux prélats anglais, Guillaume Haiton et Richard Prati. L'un avait fait partie des négociateurs qui avaient préparé le mariage du roi d'Angleterre, Henry V, avec Catherine de France, fille du roi de France Charles VI ; l'autre devait mourir évêque de Chichester : ce sont donc deux personnages mêlés de près aux intérêts anglais.

Entre-temps aussi, il y a la maladie de Jeanne. Tout fait penser à une sorte d'empoisonnement pour lequel plusieurs médecins sont consultés dont deux vivaient encore à l'époque du procès en nullité : Jean Tiphaine, qui était le propre médecin de la duchesse de Bedford, et Guillaume de La Chambre. Jeanne, secouée de vomissements, déclarait être tombée malade après avoir mangé d'une carpe que lui avait fait porter l'évêque de Beauvais, assertion qui eut le don de mettre en fureur Jean d'Estivet. Y avait-il eu une tentative, de la part de Cauchon, excédé de la lenteur d'un procès dans lequel la cause s'enferrait et semblait finalement mal tourner pour lui ; car en toute bonne foi Jeanne, ayant fait appel au pape et déclaré que « c'est tout un, de Dieu et de l'Église », ne pouvait en aucun cas être considérée comme une insoumise — aurait-il décidé d'en finir ainsi ? On ne le saura jamais. Ce qui est certain c'est que les Anglais, eux, furent fort alarmés et qu'il y eut une intervention de Richard Beauchamp, comte de Warwick qui, étant gouverneur de la ville de Rouen, avait directement la charge de Jeanne : « Le roi la tenait pour chère et l'avait cher achetée, et il ne voulait pas qu'elle meure, si ce n'est des mains de la justice, et qu'elle fût brûlée. » Aussi bien allait-elle se rétablir, tant par les soins des médecins envoyés que grâce à sa forte constitution.

Le 18 avril allaient reprendre les interrogatoires ou plutôt, suivant le vocabulaire de l'Inquisition, ce qu'on appelait les « admonitions charitables » : l'accusé recevait la visite de ses juges qui, avec des mots d'amitié, devaient tenter de le ramener à une juste vue des vérités de foi.

Cauchon lui-même allait ainsi lui proposer de faire faire « une belle et notable procession » pour l'aider à revenir à de meilleurs sentiments. A quoi Jeanne répond : « Je veux bien que l'Église et les catholiques prient pour moi. » Et à nouveau elle déclare : « Je crois bien à l'Église d'ici-bas [...] Je crois bien que l'Église militante ne peut errer ni faillir [...] Je m'en rapporte entièrement à Dieu qui m'a fait faire tout ce que j'ai fait. » Et quand on lui parle du pape, elle répond : « Menez-moi à lui et je lui répondrai. »

Huit jours plus tard, on vient la menacer de la torture. On l'emmène pour cela dans la grosse tour du château de Rouen, celle qui subsiste encore dans la ville. Déception pour les assistants : « Vraiment, déclare Jeanne, si vous deviez me faire arracher les membres et faire partir (séparer) l'âme du corps, je ne vous dirais pas autre chose. Et si je vous en disais quelque chose, après je dirais toujours que vous me l'auriez fait dire par force. »

Et il y a aussi ce que les procès-verbaux officiels du procès ne rapportent pas et n'avaient d'ailleurs pas lieu de faire : le grand dîner auquel Warwick, le 13 mai 1431, convie l'évêque de Beauvais, Pierre Cauchon, et son inséparable ami, l'évêque de Noyon, Jean de Mailly. Cette invitation, dûment acceptée, nous la connaissons par un témoin précieux : le Livre de comptes du maître d'hôtel de Richard Beauchamp qui, chaque jour, note ponctuellement les invités au château et les emplettes faites pour leurs repas, que ce soit au déjeuner, au dîner ou même à ce qui, plus tard, sera l'heure du thé — ce qu'on appelle : *ad potum,* venir boire, sans doute vers quatre à cinq heures de l'après-midi. Or ce repas du dimanche 13 mai est particulièrement soigné. On voit même y figurer, au dessert, les premières fraises de l'année.

Visiblement ce jour-là Warwick a dû intimer à Pierre Cauchon l'ordre de se hâter car, quelque temps après, le jeudi 24 mai qui suivait la fête de la Pentecôte, il organise au cimetière Saint-Ouen de Rouen toute une mise en scène destinée à impressionner l'accusée : sous la présidence du cardinal Henri Beaufort, évêque de Winchester, et membre de la famille royale, plusieurs prélats, abbés d'abbayes normandes ralliés à la cause anglaise et universitaire parisiens, sont rassemblés dans des tribunes élevées pour la circonstance, tandis que l'un d'entre eux, Guillaume Érard, fait à Jeanne un sermon d'exhortation. En réponse, Jeanne fait à nouveau appel au pape. Sans s'y arrêter, on l'exhorte à signer une cédule dans laquelle elle « abjurait » ses fautes. Cette cédule (lettre) que contenait-elle au juste ? L'huissier Jean Massieu, celui qui était chargé en toutes circonstances de venir chercher Jeanne et de l'accompagner partout où elle irait, était tout près d'elle et a vu la cédule. Il déclare qu'il s'agissait d'une petite lettre comportant six à sept lignes.

Or, dans le texte du procès tel qu'il a été dressé par la suite, on peut lire une longue cédule (quarante-quatre lignes pour le texte latin) dans laquelle Jeanne se déclare coupable de toutes sortes de fautes. Le témoignage de l'huissier Jean Massieu est ici précieux : « Cette cédule me fut remise pour que je la lise, et je l'ai lue à Jeanne. Et je me souviens bien que dans le texte il était noté qu'à l'avenir elle ne porterait plus ni armes, ni habits d'homme, ni les cheveux rasés, et beaucoup d'autres choses dont je ne me souviens plus. Et je sais bien que cette cédule contenait environ huit lignes, pas davantage. Et je sais absolument, ajoute-t-il lorsqu'il témoigne au procès de réhabilitation, que ce n'était pas celle dont il est fait mention au procès, car celle que je lui ai lue était différente de celle qui fut insérée dans

117

le procès, et c'est celle-là que Jeanne a signée. » Il y aurait donc eu substitution de textes entre la cédule contenue dans le texte du procès et la lettre remise à Jeanne et que celle-ci devait finir par signer d'une croix ; alors que nous possédons d'elle au moins trois lettres dans lesquelles elle signe de son nom : Jehanne, elle ne voulut, en l'occurrence, signer que d'une croix.

Toujours est-il qu'au moins en apparence le juge pouvait se déclarer satisfait : impressionnée par l'appareil menaçant dont elle avait été entourée, Jeanne avait « abjuré » à la fureur de la plupart des Anglais présents qui, en fait, ne comprenaient rien au jeu de Pierre Cauchon, peu habitués qu'ils étaient aux finesses des tribunaux d'Inquisition : elle échappait au bûcher.

Jeanne a certainement espéré, après ce jugement au cimetière Saint-Ouen, qu'elle allait être mise en prison d'église. Le notaire Guillaume Manchon l'atteste formellement : « Jeanne demanda : "Or ça, entre vous, gens d'Église, menez-moi en vos prisons et que je sois plus en la main de ces Anglais." Sur quoi monseigneur de Beauvais répondit : "Menez-la où vous l'avez prise." Pour quoi elle fut ramenée au château d'où elle était partie. »

C'était, une fois de plus, contrevenir aux règles des tribunaux d'Inquisition et continuer à considérer comme prisonnière de guerre celle qu'on entendait accuser d'hérésie. Mais il est infiniment probable que Cauchon savait dès lors comment tournerait la suite du drame et que Jeanne désormais était réellement « prise » comme dans une souricière.

En effet, parmi les engagements contenus dans la cédule d'abjuration, il y avait celui de reprendre l'habit de femme : en la ramenant entre les mains des geôliers anglais, dans les prisons du château de Rouen, on pouvait être certain que Jeanne ne tarderait pas à reprendre cet habit d'homme qui était son unique défense contre les outrages toujours possibles des geôliers ou autres personnages qui pouvaient s'introduire dans la prison. Elle serait alors considérée comme « relapse », c'est-à-dire comme retombant dans une faute à laquelle elle avait renoncé. Or, on ne peut oublier que seuls les relapses pouvaient être condamnés au feu selon les règlements de l'Inquisition.

Et tout allait se passer comme prévu. Quelles que soient les raisons exactes pour lesquelles Jeanne fut amenée à reprendre l'habit d'homme, il est certain que dès le 27 mai elle avait repris cet habit. Cauchon en fut averti et, sans perdre un instant, se présentait le lendemain à la prison avec quelques assesseurs. « Nous l'avons interrogée, est-il noté au procès-verbal du procès, pour savoir quand et pour quelle cause elle avait de nouveau repris cet habit d'homme : ''Je l'ai pris de ma volonté, déclara Jeanne, je l'ai pris parce que c'était plus licite et convenable d'avoir habit d'homme puisque je suis avec des hommes, que d'avoir habit de femme. Je l'ai repris parce que ce qui m'avait été promis n'a pas été observé, à savoir que j'irais à la messe et recevrais le corps du Christ, et serais mise hors des fers." »

Poussant plus loin l'interrogatoire, Cauchon allait poser la question :

« Depuis ce jour de jeudi [ce jour de la séance de Saint-Ouen], avez-vous entendu les voix de saintes Catherine et Marguerite ?

— Oui.

— Que vous ont-elles dit ?

— Dieu m'a mandé par saintes Catherine et Marguerite grande pitié de cette forte trahison à laquelle j'ai consenti en faisant abjuration et révocation pour sauver ma vie, et que je me damnais pour sauver ma vie. » Ici, en marge, le greffier transcrivant le procès a noté *Responsio mortifera,* réponse mortelle.

Deux témoins attestent qu'au sortir de la prison Cauchon s'adressait gaiement à quelques Anglais, parmi lesquels le comte de Warwick en personne, qui attendait dans la cour du château : « Farewell, faites bonne chère, c'est fait. »

C'était fait. Cauchon réunit en hâte les assesseurs, racontant comment Jeanne avait repris l'habit d'homme, cette marque d'insoumission à l'Église, et les invitant à délibérer sur la suite qu'il convenait de donner à cet acte de désobéissance. Sur quarante-deux, trente-neuf déclarèrent qu'il

Jeanne d'Arc vue par le cinéaste Carl Theodor Dreyer (*La Passion de Jeanne d'Arc*, 1928 ; avec Renée Falconetti dans le rôle de Jeanne).

convenait que la cédule soit à nouveau lue et expliquée à Jeanne. Trois seulement déclarèrent qu'il fallait dès ce moment l'abandonner à la justice séculière. Inutile de dire que c'est leur avis que choisit Pierre Cauchon.

Aussi bien, dès le lendemain de cette séance, le 30 mai 1431, Jeanne allait voir entrer dans sa cellule deux frères dominicains chargés de la préparer à la mort et au bûcher qu'on venait de dresser en hâte sur la place du Vieux-Marché. « Quand [Martin Ladvenu] annonça à la pauvre femme la mort dont elle devait mourir ce jour-là, qu'ainsi ses juges l'avaient ordonné... elle commença à s'écrier douloureusement et pitoyablement se tirer et arracher les cheveux : « Hélas, me traite-t-on ainsi horriblement et cruellement qu'il faille que mon corps tout net en entier, qui ne fut jamais corrompu, soit aujourd'hui consumé et rendu en cendres ! Ah, j'aimerais mieux être décapitée sept fois que d'être ainsi brûlée. Hélas, si j'eûsse été à la prison ecclésiastique à laquelle je m'étais soumise et que j'eûsse été gardée par des gens d'Église, non par mes ennemis et adversaires, il ne me fût pas si misérablement arrivé comme il est. Ah, j'en appelle devant Dieu, le grand Juge, des grands torts et ingravances qu'on me fait. »

A ce moment, quelqu'un d'autre entre dans la prison : Pierre Cauchon, à qui Jeanne dit aussitôt : « Évêque, je meurs par vous. » Et d'ajouter :

« C'est pourquoi j'en appelle de vous devant Dieu. » Jeanne se confesse ensuite au frère Martin Ladvenu et demande de recevoir « le corps du Seigneur », question qui rend perplexe le frère dominicain : comment donner la Sainte Communion à une excommuniée ? Il envoya consulter l'évêque de Beauvais qui fit cette réponse surprenante : « Qu'on lui donne le sacrement de l'Eucharistie et tout ce qu'elle demandera... »

Jeanne est ensuite conduite au milieu de la foule que contiennent les soldats au Vieux-Marché de Rouen où le bûcher est préparé. Il y a en tout cela une atmosphère de hâte, au point que Cauchon néglige d'envoyer d'abord l'accusée jugée coupable au tribunal séculier comme il aurait dû le faire puisque le devoir du tribunal d'Inquisition s'arrêtait à la sentence qui déléguait au « bras séculier » l'accusé dont on souhaitait qu'il subisse le châtiment du feu. Le lieutenant du bailli de Rouen présent à la scène de ce mercredi 30 mai devait le rappeler plus tard : « La sentence fut prononcée comme quoi Jeanne était délaissée à la justice séculière. Aussitôt après cette sentence, elle fut remise aux mains du bailli et, sans que le bailli ou moi-même [...] eûssions prononcé une sentence, le bourreau sans plus prit Jeanne et la conduisit à l'endroit où le bois était préparé et elle fut brûlée. »

L'huissier Jean Massieu, toujours présent aux côtés de Jeanne, raconte lui aussi : « Tandis que

Gravure d'Albert Decaris illustrant la pièce de Paul Claudel *Jeanne d'Arc au bûcher* (Ed. Georges Guillot, Paris, 1954).

Jeanne faisait des dévotions et pieuses lamentations, je fus fort pressé par les Anglais [...] pour plus tôt la faire mourir : "... Comment, prêtre, nous ferez-vous ici dîner ?" Et incontinent, sans aucune forme ou signe de jugement, l'envoyèrent au feu en disant au maître de l'œuvre : "Fais ton office !" Et ainsi fut menée et attachée, en continuant les louanges et lamentations dévotes envers Dieu et les saints, dont le dernier mot, en trépassant, cria à haute voix : "Jésus !" »

Un geste de pitié à mentionner : « Jeanne demanda à avoir la croix, ce qu'entendant un Anglais qui était là présent en fit une petite en bois du bout d'un bâton qu'il lui donna, et dévotement elle la reçut et baisa en faisant pieuses lamentations à Dieu notre Rédempteur qui avait souffert en la croix, de laquelle croix elle avait le signe de représentation, et mit cette croix en son sein, entre sa chair et ses vêtements. » Cependant un autre frère, Isambart, qui avait pris plusieurs fois part au procès et dans un cas semble avoir tenté de conseiller Jeanne, s'empressa d'aller chercher dans l'église proche, Saint-Laurent, une croix « pour la tenir élevée droit devant ses yeux jusqu'au pas de la mort afin que la croix où Dieu pendit fût dans sa vie continuellement devant sa vue ». Et le frère ainsi témoin, le plus proche sans doute des derniers instants de Jeanne, revint avec la croix et la tint devant elle jusqu'à la fin : « Jeanne étant devant la flamme jamais ne cessa jusqu'en la fin de clamer et confesser à haute voix le saint nom de Jésus en implorant et invoquant sans cesse l'aide des saints et saintes du paradis. Et encore, qui plus est, en rendant son esprit et inclinant la tête, proféra le nom de Jésus, en signe qu'elle était fervente en la foi de Dieu. »

8. Cette enfant candide et ce chef triomphant

C'est à Charles Péguy, le grand chantre de Jeanne en notre XXe siècle, l'auteur du *Mystère de la charité de Jeanne d'Arc* et de maints poèmes en son honneur, que nous empruntons le titre de ce dernier chapitre.

Car l'histoire de Jeanne, cette fillette qui mourut alors que « elle n'avait passé ses humbles dix-neuf ans que de cinq à six mois », ne faisait que commencer. On imagine, au soir de ce 30 mai 1431, le triomphe de ceux qui avaient souhaité sa mort ou y avait coopéré ; non seulement les Anglais mais aussi, et de façon peut-être plus précise encore, un Pierre Cauchon et les universitaires parisiens qui s'étaient montrés si ardents à la perdre, — partagés entre une certaine gêne et la satisfaction d'en avoir fini avec l'insupportable paysanne qui s'était jetée en travers de leurs élucubrations politiques et qui, à l'idéologie de la double monarchie échafaudée par les intellectuels parisiens, avait répondu par sa foi toute simple et d'une entière clarté : le royaume de France ne pouvait être l'objet de conquête ; il avait son roi légitime. A la confusion, aux discordes qui avaient perdu le royaume, il fallait opposer l'union, se ressaisir, montrer que le respect de chacun s'imposait pour la liberté de tous.

Telle est sans doute la leçon dernière, valable pour toute la suite des temps, donnée par un personnage hors mesure, le plus surprenant de l'histoire humaine. Jeanne se trouve à l'orée des temps modernes, au moment où vont s'ouvrir les guerres de conquêtes, les entreprises de colonisation, les retours à l'esclavage. Elle semble se dresser au seuil d'une Europe dans laquelle vont s'affronter impitoyablement les ambitions et naître sous couleur de nationalisme les haines les plus radicales, — comme la dernière et inaltérable figure d'un temps où, en Europe, il n'y avait pas eu de conflit de peuple à peuple, où la guerre était loin d'avoir l'importance sans cesse grandissante qu'elle allait manifester durant les siècles classiques, où vont complètement s'éteindre les usages féodaux, trêves, arbitrages et engagements chevaleresques, pour laisser place aux soudards, aux pillards, aux ambitions effrénées et illimitées du pouvoir politique et militaire.

Pouvait-elle être pleinement comprise avant notre temps — avant que soient portés au paroxysme les tentations idéologiques et le mépris des faibles, de la femme, de tout ce qui échappe aux lois d'un pouvoir qui ne s'assigne plus aucune limite ? Qui croit posséder le droit parce qu'il a la force ? Qui se croit permis de dédaigner, voire de haïr, tout ce qui ne lui ressemble pas ?

Mais il est temps de reprendre, une étape après l'autre, la vie posthume de Jeanne.

Au lendemain même du bûcher de Rouen, on voit le gouverneur de la ville, le comte de Warwick, s'employer à envoyer des hommes pour soutenir le siège de Louviers entrepris depuis peu. Les Anglais ne désespèrent pas de la reprise des conquêtes militaires et des théories qui favorisaient leur pouvoir ; le 16 décembre 1431 ils feront couronner le roi de France à Paris, ce petit roi Henri VI qui, déjà, a reçu à Westminster la couronne d'Angleterre : au cours du cortège traditionnel qui marquait ces cérémonies du sacre d'un roi, on vit, par un jeu de cordes et de poulies adroitement manœuvrées, un ange descendant du ciel pour poser deux couronnes au-dessus de la tête du jeune souverain. Cette royauté présumée n'ira pas bien loin. Chaque retour à l'action des forces françaises allait être marqué désormais d'une victoire. Dès le mois de février 1432, le Bâtard d'Orléans reprenait la ville de Chartres ; puis c'était Lagny qui échappait aux Anglais et ceux-ci échouaient dans une importante offensive qu'ils comptaient mener sur le Mont-Saint-Michel demeuré inexpugnable durant toutes les hostilités en dépit de son isolement.

Cependant les négociations reprenaient entre France et Bourgogne. Elles aboutissaient aux pourparlers de Nevers, puis d'Arras, l'année 1435. Et bientôt, dans la ville même où Jeanne avait été livrée aux Anglais, un accord était conclu entre France et Bourgogne. Il devait être ratifié le 10 décembre de la même année par Charles VII à Tours. Désormais la coupure qui avait partagé la France en deux parties n'existait plus, et s'établissait « la bonne paix ferme qui dure longuement » qu'avait proposée Jeanne d'Arc.

Mieux encore, l'année suivante, le 17 avril 1436, le connétable de Richemont faisait son entrée dans Paris au nom du roi Charles VII avec lequel il était, lui aussi, réconcilié. « Avant sept ans, les Anglais perdront plus grand gage qu'il ont eu en France », assurait Jeanne lors de son procès, l'an 1431.

Et l'on allait voir peu après, en 1440, le retour de Charles d'Orléans, demeuré vingt-cinq ans prisonnier dans les prisons anglaises. Est-ce un hasard si, en cette même année 1440, la mère de Jeanne, Isabelle Romée, était invitée par les Orléanais à venir s'installer dans leur ville ; après la mort de son époux et de son fils aîné, elle s'était trouvée dans l'impossibilité de maintenir ses terres et, menacée par la misère, elle devait être désormais l'invitée à vie des Orléanais reconnaissants. Les registres de comptes de la ville enregistrent tous les mois la pension qui lui est versée : une somme de quarante-huit sous, représentant alors une retraite appréciable. Bientôt la rejoignait à Orléans son fils Pierre qui recevait du duc Charles une donation : l'Ile-aux-Bœufs située sur la Loire.

Mais c'est plus tard encore que se produiront les événements décisifs. Et d'abord, en 1449, l'offensive du roi sur la Normandie qui se soulevait, si bien que Charles VII allait faire, le 10 novembre 1449, une entrée solennelle dans la ville de Rouen libérée après trente années d'occupation. Il est probable que Charles, une fois dans cette ville, se fit apporter les registres et pièces du procès de Jeanne qui se trouvaient déposés à l'archevêché. Ce qui est certain, c'est que, le 15 février 1450, il dictait à l'intention de son conseiller Guillaume Bouillé une lettre lui ordonnant d'entamer une enquête pour savoir exactement, par les témoins subsistant, dans quelles conditions avait été mené ce procès de Jeanne et comment on l'avait conduite au bûcher. Enquête rapidement conduite et qui permet d'interroger, non seulement les deux dominicains qui avaient accompagné Jeanne jusque sur le bûcher, Martin Ladvenu et Isambart de La Pierre, mais aussi l'huissier Jean Massieu, et même l'un des universitaires les plus proches de Cauchon, maître Jean Beaupère qui, si souvent, avait procédé lui-même aux interrogatoires ; enfin et surtout le notaire

Guillaume Manchon, attaché à l'archevêché de Rouen, allait être longuement interrogé sur les circonstances du procès de condamnation que lui-même avait enregistré et dont il connaissait point par point les étapes. Il est évident que rien de semblable ne pouvait être fait tant que Rouen était aux mains des Anglais. Le 15 avril de cette même année 1450, une victoire décisive était remportée à Formigny par les armées françaises sur celles du roi Henri VI qui avait pourtant fait un grand effort, jusqu'à engager les joyaux de la Couronne, pour opérer une reconquête qu'il espérait toujours.

L'enquête menée par Guillaume Bouillé va entraîner une autre enquête, celle-là menée par les autorités ecclésiastiques, sur le procès de condamnation. Celui-ci, en effet, en tant que procès d'Inquisition, était un procès d'Église, mené par un tribunal d'Église, et qui, en principe, demeurait sans appel. Mais les témoignages recueillis par la première enquête montraient trop clairement que la condamnation était entachée d'erreurs manifestes, de dols et de fraudes, comme l'avait clairement déclaré le notaire Guillaume Manchon, principal témoin de ce qui s'était passé à Rouen pendant l'occupation anglaise. Une enquête ecclésiastique fut donc ouverte au mois de mai 1452, conduite par Guillaume d'Estouteville, légat du pape en France, et par le nouvel inquisiteur de France, Jean Bréhal. Ce dernier à la suite de la nouvelle enquête dûment officielle et ecclésiastique, cette fois, rédigeait un résumé de l'ensemble de l'affaire. Les principaux coupables dans la condamnation de Jeanne étaient morts, Pierre Cauchon dès 1442, le promoteur Jean d'Estivet dès 1438 et celui qui avait adressé à Jeanne un dernier sermon au Vieux-Marché, Nicolas Midy, à peu près à la même époque que l'évêque Cauchon. Mais nombreux demeuraient les anciens assesseurs au procès, certains même, comme Thomas de Courcelles, persistaient dans leur attitude accusatrice, tout en témoignant de trous de mémoire opportuns lorsque les questions qu'on leur posait étaient trop embarrassantes...

Dans le même temps, une nouvelle victoire française complétait les précédentes : la bataille de Castillon, au cours de laquelle meurt le 17 juillet 1453 le vieux chef John Talbot qui avait été jadis fait prisonnier par Jeanne à la bataille de Patay. La victoire de Castillon achevait la libération du pays puisque les Anglais devaient quitter la Guyenne.

Deux ans plus tard, le nouveau pape, Calixte III, octroyait à la famille de Jeanne d'Arc un « rescrit » l'autorisant à ouvrir la révision du procès de Jeanne. Sa mère, Isabelle Romée, toujours vivante, devait se présenter le 7 novembre 1455 à Notre-Dame-de-Paris et remettre de ses propres mains le rescrit au légat désigné par le pape pour suivre l'affaire. Sa requête si émouvante nous a été conservée dans le procès-verbal de la cérémonie : « J'avais une fille, née en légitime mariage, que j'avais munie dignement des sacrements de baptême et de confirmation et avais élevée dans la crainte de Dieu et le respect de la tradition de l'Église, autant que le permettaient son âge et la simplicité de sa condition, si bien que... elle fréquentait beaucoup l'église et se livrait aux jeûnes et aux oraisons avec grande dévotion et ferveur pour les nécessités alors si grandes où le peuple se trouvait et auxquelles elle compatissait de tout son cœur ; pourtant... certains ennemis l'ont fait traduire en procès de foi et, sans qu'aucun secours ait été donné à son innocence, en un procès perfide, violent et inique, sans l'ombre de droit... l'ont condamnée de façon damnable et criminelle et l'ont fait mourir très cruellement par le feu. »

Ce rappel si émouvant ouvrait une nouvelle enquête, celle-là très approfondie, très explicite, qui devait aboutir à la réhabilitation de Jeanne, ou plutôt à une nette affirmation de la nullité du procès qui l'avait condamnée comme hérétique vingt-cinq ans plus tôt. Cette nullité du premier procès fut prononcée solennellement le 7 juillet 1456 dans cette même salle de l'archevêché de Rouen où avaient délibéré Pierre Cauchon et ses complices avant la condamnation de Jeanne. Plusieurs cérémonies eurent lieu sur la place du Vieux-Marché de Rouen et aussi dans d'autres villes de France, et surtout à Orléans où le souvenir de Jeanne se trouvait renouvelé chaque année au jour anniversaire de la libération de la ville, le 8 mai. On sait qu'aujourd'hui encore cette cérémonie a lieu, marquée par un grand cortège qui se déroule et où, dit-on, « la moitié de la ville regarde défiler l'autre moitié ». Les principaux chefs d'État se font régulièrement un devoir de venir assister, une fois au moins, à ce rappel de la libération de la ville par Jeanne la Pucelle.

C'est le véritable procès de Jeanne, ce procès de réhabilitation : ainsi appelle-t-on l'ensemble des enquêtes, puis le procès proprement dit, au cours duquel cent quinze témoins ont été interrogés, certains plusieurs fois ; tous ceux qui ont connu Jeanne, depuis les paysans de Domrémy qu'un tribunal délégué est allé écouter sur place, jusqu'aux assesseurs survivants ou aux témoins de son martyre lors du bûcher de Rouen. Document incomparable dans lequel, tour à tour, se font entendre les princes du sang, comme le duc d'Alençon ou le Bâtard d'Orléans — il est alors devenu Jean, comte de Dunois —, les conseillers royaux comme Simon Charles ou Raoul de Gaucourt, les bourgeois et bourgeoises d'Orléans, témoins de sa victoire, les soldats qui ont combattu à ses côtés comme Gobert Thibault et beaucoup d'autres ; sans oublier ceux qui l'ont accompagnée lors de la première chevauchée pleine d'incertitude de Vaucouleurs à Chinon, et qui tous deux sont encore en vie, Jean de Metz et Bertrand de Poulengy.

Ainsi, à petites touches, chacun ajoute son apport personnel à un incomparable portrait de Jeanne telle que l'ont vue ceux qui ont vécu à ses côtés. Et ce portrait coïncide parfaitement avec Jeanne telle qu'elle s'exprime dans ses sublimes réponses au procès de condamnation. C'est de ce procès de réhabilitation que sont extraites nombre de citations utilisées dans le présent ouvrage, et qui nous permettent d'avoir ainsi un contact direct avec ceux qui l'ont approchée. Ajoutons que, comme son dernier éditeur, Pierre Duparc, l'a fait remarquer, on devrait appeler ce dernier procès : « procès en nullité de la condamnation ». Car il ne s'agit pas de réhabiliter Jeanne, ni d'en faire une sainte inspirée, mais bien de savoir si, oui ou non, elle fut hérétique et méritait d'être condamnée comme telle.

A un autre procès, celui de canonisation, était réservé l'honneur de porter Jeanne sur les autels et de reconnaître sa sainteté. Mais ce procès-là est tardif : commencé en 1869 sur l'initiative de monseigneur Dupanloup, alors évêque d'Orléans, il n'allait être terminé qu'en 1920. On peut s'étonner d'une pareille distance dans le temps ? Ainsi du XVe au XIXe siècle, pendant quatre cents ans, la sainteté de Jeanne n'aurait pas été reconnue, sinon à Orléans ?

C'est pourtant ainsi. Jeanne aura pendant quatre siècles partagé le profond dédain que tout le monde cultivait, à commencer par l'université, à l'endroit des temps « gothiques ». Ce terme est alors terme de mépris. Dès la fin du XVe siècle, mais surtout au XVIe, XVIIe et XVIIIe siècles, on ignore le Moyen Age et, en dehors de quelques bénédictins, ceux notamment de la congrégation de Saint-Maur qui ont été de remarquables érudits, on préfère l'oublier ; on enseignera dans les écoles que François Villon fut « le premier en date des poètes français »! et Jeanne fait partie du « Moyen Age », considéré comme une époque d'ignorance et de ténèbres à laquelle la « Renaissance » aura mis fin heureusement. Nous n'irons pas nous attarder ici à discuter de ce qu'avait d'anti-scientifique et d'irrationnel semblable conception. Le goût pour l'antiquité était alors porté si loin qu'on ne considérait comme beau que ce qui provenait des Grecs ou des Romains que l'on s'efforçait d'imiter.

Le souvenir des exploits de Jeanne subsistait néanmoins dans la mémoire collective mais, s'il y eut à son propos des œuvres littéraires, elles sont aujourd'hui replacées au rang qui leur convient. Pourrait-on actuellement lire *La Pucelle ou la France délivrée,* œuvre de Chapelain au XVIIe siècle, ou *La Pucelle* de Voltaire au XVIIIe ? L'une et l'autre sont si étrangement désuètes, si éloignées de l'Histoire, si marquées du style de convention propre à leur temps, qu'elles nous paraissent proprement illisibles.

Disons d'ailleurs à la décharge de ces époques

que les procès et les chroniques du temps qui sont les documents essentiels pour connaître Jeanne n'étaient pas publiés : on ne pouvait les lire qu'en manuscrit, ce qui supposait que l'on connaissait le latin et, mieux encore, que l'on pouvait déchiffrer l'écriture du XVe siècle. Le travail de publication né de ces inestimables documents n'a été entrepris qu'au XIXe siècle. Exactement, c'est entre 1841 et 1849 qu'un érudit, Jules Quicherat — devenu par la suite directeur de l'École des Chartes qui avait été fondée sous Charles X justement pour étudier les pièces demeurées dans nos archives et datant de l'époque féodale ou médiévale — publia l'intégralité des deux procès, et aussi un certain nombre de pièces accessoires : lettres privées ou publiques et mémoires du temps — œuvre magnifique en cinq volumes qui a permis la connaissance de Jeanne, non seulement dans les événements qu'elle détermina, mais dans sa personne.

Bientôt un autre érudit, Eugène O'Reilly, publiait la traduction des deux procès, qui parut en 1868. Sans doute cette publication fut-elle déterminante dans la décision que prit monseigneur Dupanloup, lors des fêtes de 1869, de réunir un certain nombre d'évêques pour leur demander de signer une adresse au pape Pie IX afin que soit entrepris le procès de canonisation de Jeanne d'Arc. Par la suite les événements comme la guerre de 1870 ont retardé les diverses étapes de cette canonisation. Il reste que Jeanne, au vu des enquêtes faites à ce sujet et que l'Imprimerie Vaticane a publiées à partir de 1894 (elles forment un ensemble de dix-sept volumes *in quarto*!), Jeanne fut déclarée vénérable, puis béatifiée à Saint-Pierre de Rome le 18 avril 1909. A nouveau retardée par la terrible guerre de 1914-1919, Jeanne sera enfin canonisée solennellement à Rome le 16 mai 1920.

Entre-temps sa popularité a atteint un degré extraordinaire, au point qu'il n'est guère de parti politique qui, en France, ne l'ait revendiquée. Mais, au-delà des exploitations partisanes, on peut admirer que Jeanne soit devenue, à travers le monde, une sainte universelle : par excellence la sainte de toute libération, elle témoigne pour tous que la réponse à l'action divine est attendue des laïcs comme elle aussi bien que des religieux et religieuses, et que cette réponse peut être donnée à travers les pires circonstances, dans la guerre aussi bien que dans la paix. Jeanne est celle qui a correspondu exactement, totalement, absolument, aux appels que Dieu lui adressait par celles qu'elle reconnaissait comme les saintes Catherine et Marguerite et comme l'archange saint Michel. Conviée à une vocation surprenante, paradoxale même, sa réponse est toujours le *oui* qui fut celui de Marie à l'ange de l'Annonciation et qui lui permit d'être toujours présente, apportant, au sein même de l'action guerrière, l'esprit de charité qui la faisait pleurer sur l'âme de son ennemi, le capitaine Glasdale.

« La fille la plus sainte après la Sainte Vierge », disait Péguy.

Notice bibliographique

Procès de condamnation de Jeanne d'Arc, éd. par la Société de l'Histoire de France, publié par P. TISSET et Y. LANHERS, Paris, Klincksieck, 1960-1971, 3 vol. gd. in-8°.

Voir aussi : *Procès en nullité de la condamnation de Jeanne d'Arc,* publié par Pierre DUPARC, Paris, Klincksieck, 1977-1983, 3 vol. gd. in-8°.

L'ensemble de la documentation et la bibliographie des principaux ouvrages parus sur Jeanne d'Arc se trouvent réunis dans l'ouvrage de Régine PERNOUD et Marie-Véronique CLIN : *Jeanne d'Arc,* Fayard, 1986. (En format de poche, éd. Pluriel, 1989.)

Table

Avant-propos 7
1. En mon pays on m'appelait Jeannette 11
2. Et quand je fus venue en France
   on m'appela Jeanne 21
3. Menez-moi à Orléans, je vous montrerai
   le signe pour lequel j'ai été envoyée 43
4. Vous serez lieutenant du Roi des cieux
   qui est roi de France 67
5. Un an, guère plus 79
6. Toute lumière ne vient pas que pour vous 99
7. Jésus 109
8. Cette enfant candide et ce chef triomphant 127
Notice bibliographique 141

Dans la même collection

Paul Aymard, *Petite vie de saint Benoît*.
Ange Helly, *Petite vie de saint Bruno*.
Michel Fiévet, *Petite vie de Jean-Baptiste de La Salle*.
Marc Joulin, *Petite vie de Jean-Marie Vianney*.
Marc Joulin, *Petite vie de saint Dominique*.
Marc Joulin, *Petite vie de Thérèse de Lisieux*.
René Laurentin, *Petite vie de Bernadette*.
Albert Longchamp, *Petite vie de Ignace de Loyola*.
Luigi Mezzadri, *Petite vie de Vincent de Paul*.
Régine Pernoud, *Petite vie de Jeanne d'Arc*.
Raymond Peyret, *Petite vie de Marthe Robin*.
Pierre Riché, *Petite vie de saint Bernard*.
Bernard Sesé, *Petite vie de Jean de la Croix*.

En préparation :

Bernard Cattaneo, *Petite vie de Lacordaire*.

Achevé d'imprimer le 10 octobre 1990
Normandie Impression s.a. à Alençon (Orne). Dépôt légal : octobre 1990